物流特色小（城）镇布局规划理论与方法研究

主编　王肖文　萧　赓

副主编　田春青　孙东泉　卢尔赛　庞晓宇

中国建筑工业出版社

图书在版编目（CIP）数据

物流特色小（城）镇布局规划理论与方法研究 / 王肖文，萧赓主编．—北京：中国建筑工业出版社，2019.12

ISBN 978-7-112-24710-3

Ⅰ．①物… Ⅱ．①王… ②萧… Ⅲ．①小城镇－物流－工业园区－系统规划－研究 Ⅳ．①F253

中国版本图书馆CIP数据核字（2020）第022122号

责任编辑：李 璇 牛 松 张国友
责任校对：张惠雯

物流特色小（城）镇布局规划理论与方法研究

主编 王肖文 萧 赓

副主编 田春青 孙东泉 卢尔赛 庞晓宇

*

中国建筑工业出版社出版、发行（北京海淀三里河路9号）

各地新华书店、建筑书店经销

北京鸿文瀚海文化传媒有限公司制版

北京建筑工业印刷厂印刷

*

开本：787×960毫米 1/16 印张：12¼ 字数：168千字

2020年1月第一版 2020年1月第一次印刷

定价：**55.00**元

ISBN 978-7-112-24710-3

（34991）

版权所有 翻印必究

如有印装质量问题，可寄本社退换

（邮政编码100037）

目　录

第 1 章　绪论

1.1　研究背景和意义

1.1.1　研究背景

自国务院《关于深入推进新型城镇化建设的若干意见》(国发〔2016〕8 号)提出加快特色镇发展后，住房和城乡建设部、国家发展改革委、财政部于 2016 年 7 月联合发布了《关于开展特色小镇培育工作的通知》，提出 2020 年前，将培育 1000 个各具特色、富有活力的特色小镇。商贸物流作为特色小镇的一个重要发展方向，引起人们越来越多的关注。城镇化进程、人们消费水平的提升对城乡物流一体化提出了更高的要求。一些商贸流通业发达、极具物流特色的小(城)镇，正面临物流业转型升级的挑战，也在思考物流业与其他产业的联动发展问题，如何抓住当前发展机遇，在小(城)镇的布局规划中处理好人文、环境、产业发展之间的关系，成为当前物流特色小(城)镇建设亟待解决的问题。

当前，一些商贸流通业发达的地区已经逐渐意识到物流对产业的重要支撑作用，并积极开展物流集聚区建设，但这些集聚区在规划建设过程中，更多是从物流自身发展的角度考虑，是一种一元线性的经济效益实现，而并未全面考虑人文、生态、产业融合、职住一体化等综合因素。因此，目前规划建设的物流集聚区更多表现为：在远离城市的郊区或小(城)镇选址建设物流园区，职工们仅将园区作为工作地点，其他生活休闲都发生在园区外面，生活设施与生产设施完全分离；物流园区依托作业流程进行布局规划，对供应链一体化以及对其他产业的带动作用则不被关注；园区作业过程严重影响周边生态环境，绿色可持续发展理念较少融入。

党的十九大提出“乡村振兴战略”“交通强国战略”，并要求在现代供应链领域培育新增长点；同时，当前的物流业与其他产业联动发展、供应链一体化、绿色物流等新理念为物流特色小（城）镇的布局规划注入了新鲜血液，为新时期物流特色小（城）镇实现产城融合、绿色可持续发展、物流业与其他产业的联动发展、职住一体化提供了有力指导。

本研究将立足当前物流特色小（城）镇建设发展以及与交通系统协调中存在的问题，借鉴国内外小（城）镇建设、交通布局规划的成功经验，构建物流特色小（城）镇选址模型，深入探讨用地、公共设施配套、综合交通体系、生态景观、生活休闲设施等方面的融合模式，提出基于功能融合的交通系统布局优化方法，以期为物流特色小（城）镇的建设发展以及交通系统的科学规划提供理论借鉴和方法指导。

1.1.2 研究意义

本研究以新型城镇化建设为背景，以促进物流业健康发展为契机，选取物流特色小（城）镇为研究对象，借助产城融合、供应链一体化、产业联动、可持续发展等基本理论，对小（城）镇发展物流业的选址适宜性评价问题、功能区布局规划及交通系统布局等问题进行了深入思考和研究，为物流特色小（城）镇的规划和建设提供了重要参考，有利于贯彻新型城镇化理念，有利于促进物流业的健康、可持续发展，具体体现在以下几个方面：

（1）有利于小（城）镇依托自身发展基础，理性判断发展物流业的适宜性

目前，大多数小（城）镇的建设、管理方对物流业生存与

发展所需要的环境和基本要素并不清楚，在选择物流业作为小（城）镇主导产业上显得较为感性和盲目，也导致了企业入驻积极性不高、物流业发展没有后劲等问题，本研究提出了物流特色小（城）镇选址适宜性评价方法，并融入产城融合、产业联动、绿色可持续以及供应链整合等要素，从外部环境、经济与社会基础、基础设施分布、物流业发展情况、可持续发展能力等 5 个维度对某个小（城）镇发展物流特色产业的适宜性进行评价，为前期的选择问题提供了依据和参考，有利于决策者做出理性判断，也为后续小城镇的健康运行提供了保障。

（2）有利于小（城）镇产业联动，促进现代物流业转型发展

现代物流业是融合运输、仓储、货代和信息等业态的复合型新兴服务业。目前，小（城）镇的物流发展还未形成足够规模，道路基础设施等还没有建设完全，现代化物流也处于起步阶段。本研究通过对产业集聚、产业联动以及物流业与其他产业的关系分析，明确了新时期物流特色小（城）镇面临的新要求以及未来的建设目标，为其发展指明了方向；同时，研究提出了适用于小（城）镇的布局规划方法，指导物流特色小（城）镇在布局规划阶段做好功能设计和功能整合，并以物流系统为抓手，带动整个小（城）镇的经济、社会、人文的建设和发展，为产业间的联动和现代物流业的发展奠定了理论基础。

（3）有利于新型城镇化的推广与落地，促进产城融合发展

本研究通过实地调研、问卷调查、文案研究等方法，走访、调查了二十多个特色小（城）镇，并对物流特色小（城）镇进行了重点跟踪和研究，在对比分析这些小（城）镇规划、建设、发展的经验和教训的基础上，提出了新时期物流特色小（城）镇如何选址、如何科学合理规划，有利于物流特色小（城）镇的良性发展，为新型城镇化的落地和实践提供了新思路和新方法。

（4）有利于完善综合交通网络体系，匹配区域经济和产业发展

小（城）镇交通条件的改善可以使得小（城）镇向区域延

伸、向全国辐射，并加强与物流大通道的联系；物流园区等节点设施的完善，可以为小（城）镇的产业发展、经济贸易提供集约化的平台，改善交易条件，提高交易效率，并降低物流成本。本研究秉持集约、高效、绿色的规划理念，将降低物流成本、提高物流效率等作为小（城）镇布局规划的重点约束目标，完善物流的产业服务功能，注重产业间的联动发展，有利于以物流业为引擎，带动其他产业发展，并进一步带动区域整体经济的提升。

（5）有利于构建宜居宜业的生态环境，为就地城镇化奠定基础

目前，我国城市交通总量中，货运交通占比达到10%～15%，但是由于货运交通而产生的环境污染却占到了40%～50%。对于以物流为主导产业的物流特色小（城）镇，这一比例差距将更大。如果在小（城）镇的布局规划中，不考虑绿色环保要素，则难以形成美好的生态环境，将加速劳动力人口的流出。本研究通过选址适宜性评价和布局规划方法研究，在因地制宜的基础上，最大程度解决客货分离、环境污染、职住一体化的问题，对于保障绿色可持续发展、助力就地城镇化均有重要的战略意义。

1.2 研究综述

1.2.1 小（城）镇与产业发展的联动机理研究

1. 基于空间规划视角的产城融合研究

进入“十二五”规划时期，“产城融合”被学者们作为一个明确的概念提出，并为学术界讨论的热点问题。林华认为，产城融合首要是居住与就业的融合，核心是使产业结构符合城市发展的定位，因此，应致力于通过产业结构的调整和升级来服务于城市功能的提升、空间结构的优化、城乡一体化发展以及社会经济

生态的协调发展。陈云认为应通过产业区的建设促进新城的发展，产城融合主要应服务于集居住区、工业区和商贸区于一体的相对独立的新城建设。刘荣增、王淑华认为目前在新区建设时，应从三个层次实施产城融合：一是产业发展与城市功能完善同步；二是城市新区产业的选择和布局应符合整个城市的发展定位与性质；三是城市新区与老城区的有机融合。

还有学者从开发区的发展历程来解读“产城融合”，认为人本导向、功能融合、结构匹配是其内涵的构成要素，其中结构匹配是核心，只有产业结构、就业结构、消费结构相互匹配，才能真正实现产城融合发展。姚南、李竹颖提出“产城一体”的概念，即在满足居民生产、生活需要的前提下，对产业与城市在空间、用地和功能上的布局进行统筹安排，形成共生共融、良性互动的发展局面。其内涵包括功能复合、以人为本和职住平衡，在空间上表现为具有特定主导产业、拥有相应生产服务配套功能，并集居住及配套功能于一体的地域单元。

李学杰认为产城融合的特征包括三个方面：一是城市功能的协调，注重功能上的契合，协调好产业功能与城市功能之间的关系，构建与城市发展相适应和匹配的产业体系；二是有机单元的联系，将城市不同的功能区看作是城市发展彼此联系的空间网络单元，产业空间格局和城市总体格局能实现有效的衔接；三是要素的有序流动，通过资源要素实现城区、产业功能区、郊区等不同区域空间的内在联系和双向互动。

总体来看，有关学者对于产城融合特征的认识虽然存在一些差异，但大体上相同，表现为以下几个方面：（1）产业体系与城市发展相匹配，两者在功能上协调契合；（2）产业区、生活区以及生产生活服务区等功能在空间上混合布局；（3）低碳交通出行，缩短通勤距离，实现公交和慢行交通主导。

2. 物流产业与小（城）镇发展的联动机理

物流产业的聚集和城镇化研究的概念出现的很早。在国际上，可以追溯到亚当·斯密（Adam Smith）的分工与专业化处理论。接着，迈克尔·波特（Michacl E.Porter）首次提出了产业聚集的定义，他认为产业聚集是特定领域内相关企业和机构在地理上的集中。国外产业聚集与城镇化的理论研究可以追溯至新古典学派。后来，一些学者在新经济地理学等分析框架下，从多个角度探索了产业集聚与城市化的关系，克鲁格曼（Krugman）、藤田昌久（Fujita）和维纳布尔斯（Venables）认为信息、工资、租金等资源共享因素决定了企业聚集的程度和城市的规模。同时，产业集群与区域物流发展的互动关系明显，这主要表现在产业集群形成过程的初期。而在产业集群成熟发展时期，则主要依赖固定资产等外部资源的投入。例如，St Quintin 绘制了物流集群的产业地图，同时对物流集群和物流产业的概念做了界定，即在一定区域地理环境中，聚集着功能不同的物流企业，依靠地理和区域经济的优势，将运输、仓储、货物进出口、物流加工与配送及信息处理有机集成，形成物流产业链，提高物流运行效率。Hessential 和 Redriguez 认为物流是产业集聚群的一部分，物流的发展迅速改变了产业集聚内部的运输环境和结构，而物流在转换货物配送方式的作用却并不是十分显著。

近年来随着物流产业的快速发展，以及国内对新型城镇化建设的关注，许多国内专家和学者开始探讨和研究产业集聚与城镇发展之间的相互影响作用。海峰和刘勤指出在物流与城市协同运作模式中，主要基于资源要素的角度分析硬件资源协同、信息资源、资金资源、人力资源、组织机构和客户资源的协同发展模式，最后提出基于平台的协同发展模式。张廷海和陈阿兴研究了商业聚集与城镇化发展的耦合机制，其中他们讨论出商业集聚发展能够有效地带动城市消费水平的提升，进而推动城市的综合能力的增强。张贵先以系统动力学方法研究产业集群与城镇化之间的内在机制和发展模式，研究指出产业集群效应是城镇化发展的内生动力，城镇化发展为产业集群发展提供动力支撑，同时指出重庆市产业集群与城镇化发展主要有市场主导和政府主导两种类型。在研究过程中，也有学者会对这种与城镇化发展的关系存在质疑。周圣强认为产业聚集会产生聚集和拥挤双重效应，采用门限模型发现我国经济发展存在拐点，聚集于城市工业全要素生产率呈倒 U 形关系。他认为在城镇化发展中，发达地区产业转移和要素激励转移是缓和拥挤效应的两种有效途径。

1.2.2　关于小（城）镇选址适宜性评价的研究

在我国针对物流特色小镇地址的选择并没有统一的标准，针对这一方面的相关研究也大多停留在配送中心、物流园区位置和交通枢纽等。很多学者对于物流园区特色小镇的最佳选址点仅仅只从经济、社会和技术效益三个方面入手。通过以上三个效益出发，专业人士戴航等从 AHP 的方法入手，采用了模糊评价的方法将物流特色小镇选址的体系指标分成了两个层次来进行研究。面对物流园区的选址问题时，也有一部分专业的人员从不同的指标体系着手，比如张淑生等运用了 CCRMP 模型，从投入和产出两个指标方面出发，针对选址问题引起的农业农产品因素包括：环境因素（包括社会环境和自然环境两个方面）、生产的效率等进行排序，这样不仅能够提高回收率还可以保证投资的最小化。叶奉阳提出需要考虑产业环境、经济因素、社会因素和基础设施四个维度的影响因素，从而帮助选址避免必要的风险因素。

关于物流特色小镇的选址问题主要是定量和定性分析相结合以及建立数学模型的两种方法。杨晓红等人对珠江三角洲的园区选址采取了双层规划的方法。而钱枫林等人利用关系矩阵，得出了基本的结构模型，然后通过定量的分析计算出了各个因素之间的中心度。

宁宝权和陕振沛通过借助改进的熵权法对评价指标进行赋权，同时在灰关联分析和模糊物元分析理论的基础上，通过几种方法的优点融合，建立了改进熵和灰关联分析的模糊物元分析模型，根据灰色关联度的大小对物流园区地址进行排序，从而选出最优的物流园区地址。

1.2.3 物流集聚区空间布局规划

目前，国内外专家学者专门针对物流特色小（城）镇微观层面的布局规划研究较少，既有研究主要集中在物流园区上，即单纯考虑物流功能。Perry A.Trunic 分析了通过建立专门组织负责城市物流建设规划，城市交通、物流节点和高速公路建设可以促进区域物流发展。Hyun Jeung Ko 构建动态规划模型，并基于遗传算法获得物流设施布局方案。Kyu Yeul Lee 对多层设施规划问题进行研究，通过 Dijkstra 方法求解设施之间的最短距离来优化布局。Jaydeep Balakrishman 考虑到设施的动态变化问题，并基于不确定性探讨物流设施的布局。张晓东在其著作《物流园区布局规划理论研究》中系统分析了物流园区布局规划的内涵、层次体系及规划工作组织实施等问题，提出宏观布局战略规划、中观选址分析策略规划、微观平面设计规划 3 个层次的布局规划理论体系结构。同济大学的戴禾、杨东援、李群峰在《物流基础设施布局模型》中提出了一种确定物流基础设施布局的方法及将物流园区与货运通道网结合起来进行统一规划的观点，强调物流基础设施布局不仅要求总运输费用最小，还应考虑经济、社会、环境等多个层面的因素。许程以物流总量最小、功能区作业最紧密、土地利用最大化为综合目标，建立数学模型，并通过模拟退火算法求解。陶经辉通过将物流园区布局纳入城市布局的考虑之中，对园区的功能布局进行了研究。汤宇卿将物流活动划分商流活动、物流活动及信息流活动，并对不同活动所需的物流空间进行了探讨。王利相对系统地提出了物流空间布局的基本理论框架。李春海、缪立新采用微观仿真的方法，借鉴国外最新的研究成果，对微观层面的园区布局进行了研究。

通过上述分析可以发现，目前的研究，从研究对象上，更多偏重于物流园区，从研究视角上，大部分着眼于单一功能，而从功能符合的视角出发，并将整个小（城）镇的产业、生活也纳入研究范围的比较少。鲜有从城镇整体规划角度，对目前物流园的城镇性进行研究，对物流园的规划设计也缺乏城镇规划的宏观思维，空间上也较少考虑物流园可能容纳的各种延伸物流产业功能。另外，在物流园实际案例研究问题上，还停留在较浅层面，缺乏对物流园规划设计的实际深入研究。

本研究所界定的物流特色小（城）镇，虽然主导产业是物流，在空间层面，也都是由基本物流服务空间、延伸物流产业服务以及物流配套服务空间构成，但是在服务主体、特色业务、管理方式、服务范围、物流运行特征等方面与物流园区有很大不同。因此，本研究将以更广阔的视角来看待物流特色小（城）镇的布局和规划设计，充分考虑其功能的复合化，而非单一功能的园区空间布局。

1.3 研究对象与内容

1.3.1 对物流特色小（城）镇的认识

1. 此“小（城）镇”非彼“小镇”

本文所说的特色小（城）镇，是相对独立于城区，具有明确产业定位、文化内涵和一定社区功能的发展空间平台。其区别于行政化单元和产业园区，是更加综合灵活的发展概念，是未来推动中小（城）镇发展的核心推动力。

（1）住建部等部门提出的特色小镇概念

2016 年 7 月 20 日，住房和城乡建设部、国家发展改革委、财政部发布《关于开展特色小镇培育工作的通知》(以下简称《通知》)，决定在全国范围开展特色小镇培育工作，提出到 2020 年，培育 1000 个左右各具特色、富有活力的休闲旅游、商贸物流、现代制造、教育科技、传统文化、美丽宜居等特色小镇。国家提出的特色小镇原则上为建制镇（县城关镇除外），优先选择全国重点镇，具有国家行政区划的概念。

（2）浙江省提出的特色小镇概念

浙江省特色小镇规划建设工作联席会议办公室印发《浙江省特色小镇创建规划指南（试行）》（浙特镇办〔2018〕7号），这是在国家发展改革委规划司的指导下，由浙江省发展改革委委托浙江大学中国新型城镇化研究院、浙江省商业经济研究所研究形成，是全国首个针对特色小镇创建出台的专项规划。

浙江省倡导的特色小镇并非行政区划单元的小镇，更多的是强调作为产业发展的平台，具有明确产业定位、文化内涵、旅游和社区功能的发展空间平台。它可以是城市的一个街区，捆绑在城市里；也可以在城市周边，或者放在城市的边缘，甚至放在农村区域，它的核心是产业，形态是小（城）镇。

本书提出的物流特色小（城）镇，更偏重对物流集聚平台的研究，更多考虑的是从整个辐射范围去考虑物流服务，因此，需要冲破行政区划的限制。也即是说，本书的“物流特色小（城）镇”不同于通常意义上的行政建制镇，它不是一个行政区划单元，是指在一定规模土地上，集聚特色产业、生产生活生态空间相融合的创新创业平台，更类似于浙江省对小镇的提法。

2. 新型城镇化赋予的内涵

2014年的《国家新型城镇化规划》将新型城镇化道路概括为：以人为本、四化同步、优化布局、生态文明、文化传承。新型城镇化理念的提出，进一步延伸了协调发展的城镇化思路，将人作为城镇化的核心，将生态文明融入城镇化的全过程，并赋予了城镇化传承文化的功能。新型城镇化理念为特色小（城）镇的建设和发展赋予了新的内涵。

（1）产业联动，构建现代产业体系

城镇化的本质是通过产业聚集和人口聚集提高经济社会要素的配置效率，使城镇成为经济发展和社会进步的象征。新型城镇化是一个多区域、多层次且长期持续的空间结构调整过程，对区域经济增长具有重要意义。产业体系现代化是传统优势产业与战略性新兴产业进入的过程，属于社会生产活动的重构。新型城镇化需要产业的优化升级，期望打造一个各产业门类相互融合、协调发展的系统。新型城镇化是我国转变经济发展方式、实现可持续发展做出的战略部署，也是促进产业结构高级化的重要力量。现代产业体系的形成往往与新型城镇化建设紧密伴随，在推动以功能转换和结构调整为核心内容的新型城镇化过程中，往往培育了现代化程度很高的产业门类。因此，必须推进协调互动导向的双重演进，实现两者在特定地理区域的高层次互动整合。小（城）镇的发展应该要识别和分析现代产业体系的支撑要素，遵循产业体系现代化与新型城镇化协同互动、统筹规划的原则，推动生产要素向现代产业体系和重点地理领域聚集。

（2）格局优化，合理布局空间功能

深入推进新型城镇化，要求优化区域发展格局。具体到小（城）镇建设项目上来，则要求深入探讨生产力布局、空间格局以及配套功能实现。要以小（城）镇发展为契机，科学合理规划、高标准建设、高效率管理，从空间上实现小（城）镇的生产与生活功能融合。

（3）创新驱动，以高新技术激活生产力

特色小（城）镇的建设更多强调高新技术、特色产业经济以及高新技术产业和传统产业的结合创新，如“云技术、金融产业、智慧产业、特色小镇＋互联网＋传统产业”等新型产业的跨界发展和融合发展。

（4）低碳集约，坚持绿色可持续发展

绿色低碳是新型城镇化建设的重要内容，也是人民对美好生活的共同追求，是世界各国人民的共同选择。把新型城镇化这条“必由之路”与绿色低碳这一“共同选择”有机结合起来，就是要走绿色低碳、生态环保的城镇化道路。2014年，党中央、国务院印发的国家新型城镇化规划，把生态文明、绿色低碳作为一条必须坚持的基本原则，明确指出要把生态文明理念全面融入城镇化进程。因此，小（城）镇的建设必须牢固树立和贯彻落实创新、协调、绿色、开放、共享发展理念，紧紧抓住人的城镇化这个核心和提高发展质量这个关键，在绿色低碳发展上取得新进展和新突破，有效缓解日益紧张的小（城）镇发展与资源环境承载力之间的矛盾。

（5）全方位规划，促进高效社会治理

规划是调控城镇化进程和城市空间中社会经济关系的重要治理手段之一。当前规划应用的范围从城市扩大到城市和乡村，规划的功能从“确定城市的规模和发展方向，实现城市的经济和社会发展目标”拓展为“协调城乡空间布局，改善人居环境，促进城乡经济社会全面协调可持续发展”。一方面，规划面对的是伴随着城镇化而日益多元化的利益主体及其对城市生活提出的更高期待和要求；另一方面规划作用的发挥又深受整个治理框架的限定和自身能力的约束，难以对城市空间及其内部关系进行技术性的整体性规定，使得规划愿景与规划执行之间经常处于高度的分离状态。因此，当前新型城镇化非常注重规划在社会治理能力方面的表现，也对全方位、多层次、多视角的规划提出了更高的要求。

3. 物流特色小（城）镇与物流园区的区别

当前，在特色小镇政策的带动下，物流园区升级改造后也直奔物流特色小镇而去。物流特色小（城）镇不同于以物流产业为主体、作为发展工具和空间载体的物流园区，物流特色小（城）镇是以居民为主体，是一种物流产业与城镇有机互动的发展模式，具有多元的功能、完善的物流和其他产业服务、社区的认同、浓郁的生活氛围。在物流特色小（城）镇中，产业不再是单一的或者功能叠加的关系，而是互相融合、联动发展。

（1）从土地规模上来看，物流园区是大概念而一般意义上的物流配送中心是小概念，而物流小（城）镇则是以规划整个小镇作为规模。

（2）从物流设施上来看，物流园区具备比较完备的设施，这些设施包括基础设施（用于仓储运输服务的设施），从公共设施上来看，物流小镇则是具备现代化物流设施，不再是传统的集散式物流设施。

（3）从进入企业及标准上来看，物流园区必须制定明确的进入企业标准，并以市场竞争的规则决定企业进出或去留，而物流小镇按照相关准则规划引进知名物流企业。

（4）从物流服务上来看，物流园区服务包括基本服务和附加服务（或增值服务），既包括对进入企业的服务也包括对终端客户的服务。物流特色小（城）镇中政府充分发挥市场和企业品牌的作用，政府与企业在物流数据信息分享平台、物流金融公共服务平台。物流特色小（城）镇提供的物流服务不再是单一化的物流运输，而是越来越智慧化，充分运用物流资源提高效率，从而更好地服务于市场。物流特色小（城）镇的建立和存在正是在物流行业起到改革的龙头示范作用，物流特色小（城）镇智慧化物流的运用，在深化改革物流行业，从而影响着庞大的物流市场，给物流行业带来第二春式的变革。

（5）从运营主体上来看，物流园为集约化管理，物流小镇为政府支持，企业参与管理。

（6）从投资主体上来看，物流园区都是政府主管部门或直属企业以土地形式投资控股并在此基础上衍生出一个两个牌子一班人马的机构，物流小（城）镇中企业则是小（城）镇的运营主角，小镇大多采用PPP模式。

总体上来看，物流园区与物流特色小（城）镇是有着很大的区别的，特别是在物流产业结构上，物流特色小（城）镇按照规划要比物流园区完善得多，物流特色小（城）镇将会是物流行业改革发展后的一个新的代表，推动着物流行业的发展。

综上，可以将物流特色小（城）镇定义为：依托区位优势、交通优势，围绕某类产品或某类需求形成物流服务产业，或依托悠久的商贸文化，形成以文化旅游为主的产业，带动其他产业融合发展，并形成的以物流产业为主导、生态环境较好、特色鲜明的产城人文一体的物流集聚发展平台。

1.3.2 研究内容

1. 主要研究内容

（1）物流特色小（城）镇布局规划理论分析

分析供应链一体化、产业集聚、产城融合、可持续发展等基本理论的本质，并将其核心思想与物流特色小（城）镇的规划要求进行融合；梳理物流集聚区的发展历程以及每个阶段的目标需求和空间特征，并对当前阶段物流特色小（城）镇的发展现状、交通系统规划设计现状及存在的问题进行评价。基于上述基础，剖析新时期物流特色小（城）镇功能诉求和预期发展目标，为物流特色小（城）镇的规划建设及交通系统的优化设计明确了研究边界，指明了方向。

（2）国内外经验借鉴

新型城镇化是以城乡统筹、城乡一体、产业互动、节约集约、生态宜居、和谐发展为基本特征的城镇化，是大中小城市、小（城）镇、新型农村社区协调发展、互促共进的城镇化。新型城镇化的发展为物流业的发展创造了更多的需求与良好的条件，也在生态宜居、产业联动、产城融合等方面对物流特色小（城）镇的规划建设提出了更高要求。与此同时，物流业的发展则为新型城镇化提供了源源不断的动力，并有助于提升新型城镇化的质量、优化城镇的产业结构。两者相互影响，互相促进，共同发展，特别是在新型城镇化的发展得到大力支持的背景下，新型城镇化与物流业的耦合互动作用明显加强。

本研究将以国内外特色小（城）镇尤其是物流特色小（城）镇为主要研究对象，同时辅以物流集聚区的研究，分析产业联动、物流基础设施建设、信息互联以及交通系统规划等方面的先进经验，以期为后续研究提供借鉴和指导。

（3）基于 AHP-FUZZY 的物流特色小（城）镇选址适宜性评价

一个小（城）镇是否适宜将物流业作为其主导产业，跟它的经济社会环境、产业集聚情况、区位优势、交通运输条件、政府支持政策等息息相关。本研究从上述维度构建了小（城）镇发展物流业的适宜性评价标准，并基于层次分析—模糊综合评价法构建了物流特色小（城）镇的选址适宜性评价模型。通过科学选址，从源头上对小（城）镇发展物流业所需具备的条件进行了限制，避免了物流特色小（城）镇的盲目规划和建设。

（4）基于产城融合的物流特色小（城）镇功能布局方法

梳理当前物流集聚区或物流特色小（城）镇的空间布局规划方法，对比其优劣性；分析小（城）镇布局的区域模式，并在产城融合、产业集聚、供应链一体化等理念的指导下，提出整体功能融合策略；基于产城功能与区间布局的整合，提出以物流生产功能为主、兼顾生活和其他相关产业功能的布局思路和优化方法。

（5）物流特色小（城）镇交通网络布局方法

物流系统是物流特色小（城）镇非常关键的一环，小（城）镇内部产业集聚点、物流节点的布置，需要内部路网的连接，同时，也需要与周围其他小（城）镇或中心城市之间四通八达的交通网作为支撑。本研究基于节点重要度方法，结合可达性的优化目标，建立物流特色小（城）镇交通网络的规划模型和优化交通的方法。

（6）物流特色小（城）镇布局规划方法应用实例

选取合肥岗集物流特色小（城）镇作为研究案例，将上述理论与方法应用于具体功能区布局规划、交通网络布设，并借助交通系统的整体设计和优化，将用地、公共服务设施共享、综合交通体系构建、生态景观建设、生活休闲区域建设等多个方面进行了功能整合，为物流特色小（城）镇实现职住一体、产城融合、产业联动、绿色生态的科学规划提供了实例借鉴。

2. 拟解决的关键问题及难点

（1）构建物流特色小（城）镇选址适宜性评价模型

综合考虑经济社会环境、产业集聚情况、物流发展条件、区位优势、交通运输条件、政府支持政策等因素，构建小（城）镇发展物流业的适宜性评价标准，并基于模糊综合评价法设置了物流特色小（城）镇的选址模型。

其中，如何综合考虑各方因素，构建科学、合理的适宜性评价标准体系，是本研究部分的难点。

（2）提出功能整合下的物流特色小（城）镇功能空间布局方法

在产城融合、产业集聚、供应链一体化等理念的指导下，根据物流特色小（城）镇应具备的功能板块，提出生产、生活、产业等功能整合下的空间布局方法，实现物流设施、公共设施配套体系、综合交通体系、生态景观布局、生活休闲设施是本研究的难点。

（3）以节点的重要度为标准，开展交通网络布设和优化。

提出物流特色小（城）镇交通网络的科学布局方法，将小（城）镇内外的重要节点连接起来，实现内部产城融合、外部互联互通，降低物流成本，提高物流效率，是本研究的难点。

3. 研究创新点

（1）构建了物流特色小（城）镇选址适宜性评价模型。从外部因素、经济与社会基础、基础设施分布、物流业发展情况和可持续发展能力等方面构建了物流特色小（城）镇选址适宜性评价指标体系，并借助 AHP-Fuzzy 进行综合评价。

（2）提出了物流特色小（城）镇功能区布局方法。相比以物流生产为主的单一功能的物流园区或物流集聚区，物流特色小（城）镇还增加了城镇交通系统和居民生活（包括休闲娱乐区）功能。研究首先考虑交通系统、居住社区、上游产业集群等对物流园区功能布局的影响，将其作为虚拟功能单元与其他实体功能单元合并分析，并借鉴 SLP 方法构建综合关系网；其次，修正 SLP 方法中的人工布局调整方法，以物流成本最小、能耗和环境污染最低为综合目标，构建功能区布局的多目标数学模型，引入遗传算法求得最优布局方案。

（3）提出“改进节点重要度法＋整体可达性分析”方法，对交通网络进行科学布局和优化。将城镇内物流基础设施、相关产业集聚区、政治经济核心区、商贸市场等均纳入内部节点，将城镇外部的平行城镇、中心城区等列为外部节点，统筹考虑内、外部路网的布设。将节点可达性拓展到区域整体的可达性，并在通道主干树的基础上形成交通网络。

1.4 研究思路与方法

1.4.1 研究方法

1. 文献研究法

本书对文献研究法的应用贯穿始终。尤其是在文献综述部分，本书查阅了大量论文、著作，对当前研究成果进行整理、汇总，对相关研究问题形成了较为全面、准确的认知，对深入理解物流业、新型小（城）镇发展以及产城融合等关键问题具有很大帮助。

2. 社会调查法

本书用到的社会调查法包括专家访谈法、问卷调查法和个案研究法。在国内外经验分析中，运用了个案研究法；在选址评价指标体系的构建中，借助问卷调查，获得实践中的第一手资料，为相关研究提供了实证素材；在空间融合规划方法中，通过选择典型实例，对本书提出的理论和方法进行了验证。社会调查法为本研究的开展提供了重要素材和支撑。

3. 模型分析法

在选址方面，借助模糊综合评价法构建了综合评价模型；在空间布局规划中，基于功能整合，提出基于SLP的科学方法和数学模型；在交通网络布设中，构建了“改进节点重要度法＋整体可达性分析”的规划方法。

通过模型分析法，本书研究中的一些问题可以被精确、直观地量化出来，提高了研究效率。

1.4.2 技术路线

研究技术路线图如图 1–1 所示。

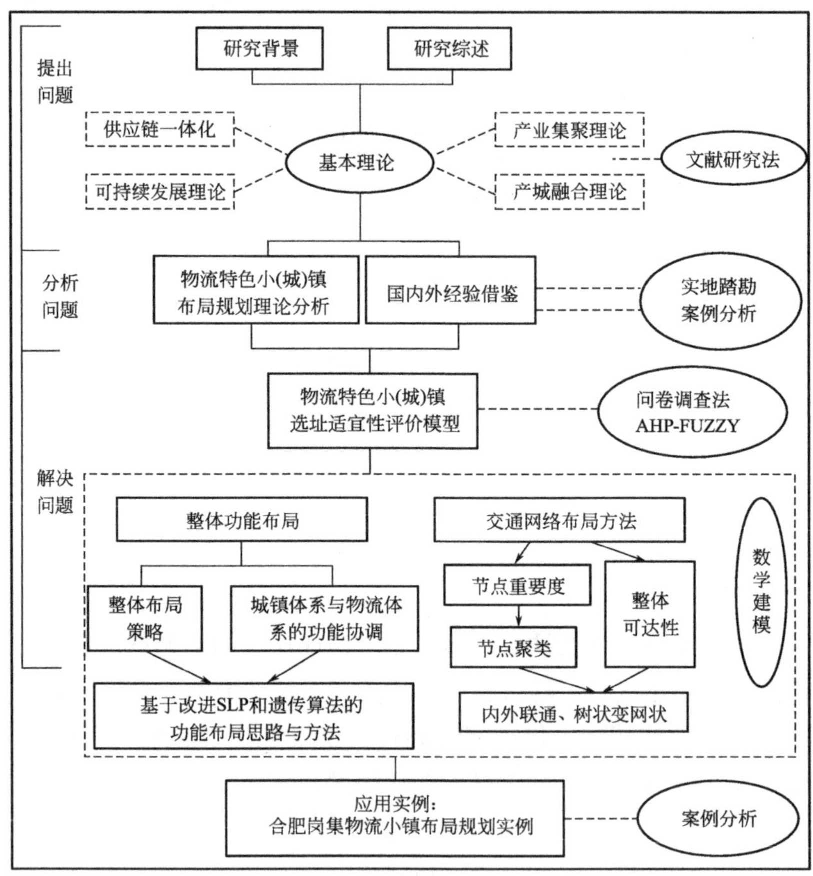

图 1–1 研究技术路线图

第 2 章　相关理论与方法

2.1　基本理论

2.1.1　供应链一体化

1. 基本原理

供应链一体化是一个系统概念，它包括功能一体化、空间一体化、跨期一体化。分别指：采购、生产、运输、仓储等活动的功能一体化；这些活动在地理上分散的供应商、设施和市场之间的空间一体化；这些活动在战略层、战术层、运作层三个规划层次上的分级一体化。然而，供应链实际上不是一个实体，是由多个节点企业按照一定的规则进行交易，使得各种资源流以最小内耗在系统中流动，并在不同的节点上进行转换，从而实现整个系统利益最大化的虚拟组织。在这一系统中，每个企业都无法控制其他企业的行为，只能通过协调的方式使得整个系统协同化，以提高其运作效率。

2. 在本研究中的应用

物流小（城）镇的形成必将是物流产业系统的形成，通过合理规划物流网链空间布局，将物流主体，包括供应商、制造商、分销商、零售商，以及最终用户连成一个网络结构，随着这些企业之间，商流、物流、信息流、资金流形成一体化运作，这样就构成了供应链的一体化运作，保证物流小镇内部功能的整合优化，最终达到系统内部效益的最大化。

2.1.2 产城融合

1. 基本原理

“产城融合”是指产业与城市融合发展，以城市为基础，承载产业空间和发展产业经济，以产业为保障，驱动城市更新和完善服务配套，进一步提升土地价值，以达到产业、城市、人之间有活力、持续向上发展的模式。产城融合是在我国转型升级的背景下相对于产城分离提出的一种发展思路。要求产业与城市功能融合、空间整合，“以产促城，以城兴产，产城融合”。城市没有产业支撑，即便再漂亮，也就是“空城”；产业没有城市依托，即便再高端，也只能“空转”。城市化与产业化要有对应的匹配度，不能一快一慢，脱节分离。而且产城融合发展并不是一蹴而就，因此全面理解产城融合的内涵，有利于提出更为合理的规划建议。

产城融合的生产、生活、生态三者间要平衡。产城融合就是以城促产、以产兴城。我国在经济转型背景下，“产城融合”是我国城镇化布局的新战略，它要求产业发展与城市功能提升相互协调，实现“以产促城、以城兴产”。产业新城的发展模式也必将逐渐从外延式扩张向创新驱动的内涵型发展方式转变。

2. 在本研究中的应用

在物流特色小（城）镇规划中，将更加注重与产业发展的互动，空间布局更多地结合产业特征进行规划，经济活动与生产要素通过合理的空间流向，使土地承载的产业活动在空间的选择上更趋于合理化。

2.1.3 物流系统优化理论

1. 物流目标系统化原理

按照物流系统整体最优化的原理，对物流系统内部要素进行权衡、选择和协调，最后确定能够实现物流系统整体最优的系统目标和要素目标，以及实现这些目标的过程。这些是物流系统的约束条件，也是物流系统集成、运作、管理和评价的总出发点。

（1）目标系统化：物流目标系统化本身的目的是实现物流系统整体最优，而不是系统内部要素目标最优。

（2）目标优化的对象：物流系统的整体目标、物流系统内部要素的目标。

（3）物流系统的服务目标：物流系统的下级系统的服务目标由它的直接上级系统服务目标来决定。

（4）物流系统的成本目标：物流系统的主要成本有运输成本、仓储成本。

2. 物流要素集成化原理

通过一定的制度安排，对物流系统功能、资源信息、网络要素及流动要素等进行统一规划、管理和评价，通过要素之间的协调和配合使所有要素能够像一个整体进行运作，实现要素之间的联系。

3. 组织网络化原理

将物流经营管理机构、物流业务、物流资源、物流信息等要素的组织按照网络方式在一定的区域进行规划、设计和实施，以实现物流系统快速反应和最优总成本等要求的过程。

4. 在本研究中的应用

物流特色小镇规划是一个系统性工程，它包括小镇选址、功能区布局和交通路网规划等。每一个过程都要考虑在现有资源的约束下（如地理位置、规划面积、投入资金等）如何达到最大的社会和经济效益。城镇功能和物流园区功能在一定程度上有冲突，因此需要应用到物流系统优化理论，通过调整不同功能区、不同机构、不同业务之间的关系缓解或解决这些冲突功能的对立性，研究如何在不影响城镇居民生活的条件下，不仅让物流小镇自身运营达到效益最大化，还要对周边经济起到带动作用。

2.1.4　可持续发展理论

1. 概念

可持续发展理论（Sustainable Development Theory）是指既满

足当代人的需要，又不对后代人满足其需要的能力构成危害的发展，其最终目的是达到共同、协调、公平、高效、多维的发展，以公平性、持续性、共同性为三大基本原则。

2. 基本原则

（1）公平性原则

所谓公平是指机会选择的平等性。可持续发展的公平性原则包括两个方面：一方面是本代人的公平即代内之间的横向公平；另一方面是指代际公平性，即世代之间的纵向公平性。可持续发展要满足当代所有人的基本需求，给他们机会以满足他们要求过美好生活的愿望。可持续发展不仅要实现当代人之间的公平，而且也要实现当代人与未来各代人之间的公平，因为人类赖以生存与发展的自然资源是有限的。从伦理上讲，未来各代人应与当代人有同样的权力来提出他们对资源与环境的需求。可持续发展要求当代人在考虑自己的需求与消费的同时，也要对未来各代人的需求与消费负起历史的责任，因为同后代人相比，当代人在资源开发和利用方面处于一种无竞争的主宰地位。各代人之间的公平要求任何一代都不能处于支配的地位，即各代人都应有同样选择的机会空间。

（2）持续性原则

这里的持续性是指生态系统受到某种干扰时能保持其生产力的能力。资源环境是人类生存与发展的基础和条件，资源的持续利用和生态系统的可持续性是保持人类社会可持续发展的首要条件。这就要求人们根据可持续性的条件调整自己的生活方式，在生态可能的范围内确定自己的消耗标准，要合理开发、合理利用自然资源，使再生性资源能保持其再生产能力，非再生性资源不至过度消耗并能得到替代资源的补充，环境自净能力能得以维持。可持续发展的可持续性原则从某一个侧面反映了可持续发展的公平性原则。

（3）共同性原则

可持续发展关系到全球的发展。要实现可持续发展的总目标，必须争取全球共同的配合行动，这是由地球整体性和相互依存性所决定的。因此，致力于达成既尊重各方的利益，又保护全球环境与发展体系的国际协定至关重要。正如《我们共同的未来》中写的“今天我们最紧迫的任务也许是要说服各国，认识回到多边主义的必要性”“进一步发展共同的认识和共同的责任感，是这个分裂的世界十分需要的。”这就是说，实现可持续发展就是人类要共同促进自身之间、自身与自然之间的协调，这是人类共同的道义和责任。

3. 在本研究中的应用

物流特色小（城）镇的发展方向需要满足可持续发展需求。将可持续发展作为小（城）镇的重点内容，应有效对小（城）镇的未来几年发展做好规划，建立一个明确的发展方向和发展目标，以保护环境为基本发展理念，追求蓝天、净土、绿地的发展目标，及时关闭对环境造成严重破坏和污染的工程，为物流特色城镇居民提供一个优美、舒适、健康的居住环境。

2.2 基本方法

2.2.1 模糊综合评价法

1. 基本原理

模糊综合评价法是一种基于模糊数学的综合评价方法。该综合评价法根据模糊数学的隶属度理论把定性评价转化为定量评价，即用模糊数学对受到多种因素制约的事物或对象做出一个总体的评价。其基本思想是用隶属与“是”或“不是”的程度代替“是”或“不是”，刻画一种“中介状态”。其基本原理是：首先确定被评价的指标或因素以及评价标准；第二步确定各指标的权重及它们隶属于各评价标准的程度，计算得到模糊综合评价矩阵；最后将模糊综合评价矩阵与指标的隶属程度向量进行模糊运算，对结果进行归一化处理，得到最终的综合评价结果。

2. 操作步骤

模糊综合评价法一般包括确定指标集、评价集、单因素评价和综合评价四大部分内容。其具体计算步骤如下：

（1）确定评价对象的指标集

设 $U=(U_1, U_2 \cdots U_m)$ 为被评价对象的 m 种评价指标，其中 m 是评价指标的个数，由具体的指标体系所决定。为了便于权重分配与评价，可以按照评价指标的属性将其分成若干类，把每一类都视作单一评价指标，并称之为一级评价指标。一级指标可以设置下属的二级指标，依此类推。

（2）确定评价对象评语集

设 $V=(V_1, V_2 \cdots V_n)$ 为评语等级的集合。其中 V_j 代表第 j 个评价结果，$j=1, 2, \cdots n$，n 为总的评价结果数，一般划分为 3 ~ 5 个等级。

（3）确定评价因素的权重向量

权重是以某种数量形式对比、权衡被评价事物总体中各指标相对重要程度的量值。设 $A=(a_1, a_2 \cdots a_n)$ 为权重分配矢量，其中 a_j 代表第 j 个指标的权重，要求 $0<<a_j$，$\sum a_j=1$。A 反映了各指标的重要程度，确定权重的方法主要包括主观权重赋值法与客观权重赋值法两大类。主观权重赋值法主要包括 AHP 法、德尔菲（Dephi）法、专家评分法等，客观权重赋值法主要包括标准离差法、熵权法、CRITIC 法和变异系数法等。

（4）进行单指标模糊评价，建立模糊关系矩阵 R

首先对一个指标进行评价，计算被评价对象隶属于评价集合 V 的程度，得到单指标模糊评价结果。在构造多等级模糊子集后，从每个因素上量化被评价对象，确定被评价对象对各级模糊子集的隶属度，从而获得模糊关系矩阵。对模糊关系矩阵进行归一化处理，消除量纲的影响。

（5）多指标综合评价

利用合理的模糊合成算子合成模糊权向量 A 与模糊关系矩阵 R，计算得到各被评价对象的模糊综合评价结果向量 B。常用的

模糊合成算子包括 $M(\wedge, \vee)$、$M(\cdot, \vee)$、$M(\wedge, \oplus)$ 和 $M(\cdot, \oplus)$ 四种。以 $M(\cdot, \oplus)$ 为例，模糊合成算子可表示为：

$$B=WR=(\omega_1, \omega_2 \cdots \omega_n)=\begin{pmatrix} r_{11} & \dots & r_{1n} \\ \vdots & \ddots & \dots \\ r_{m1} & \dots & r_{mn} \end{pmatrix}=(b_1, b_2, \cdots b_n) \quad (2-1)$$

（6）对模糊综合评价结果进行分析

评价结果向量 B 是被评价对象对各个等级的隶属程度描述。由于评价结果为一个模糊向量不能直接用于排序择优，还需要对结果进行综合分析，计算每个评价对象的综合分值，按大小进行排序，按序择优，从而挑选出最优者。本书主要采用加权平均原则对结果进行处理，最终确定被评价对象的相对位置。

3. 适用范围

模糊综合评价具有结果清晰、系统性强的特点，能较好地解决模糊的、难以量化的问题，适合各种非确定性问题的解决，主要包括四个：模糊综合评价法可以较好地解决某些包括只能以自然语言形式给出评估而难以精确定量表述的评估问题，适用于需要同时考虑多项评价因素的综合评估问题；以自然语言形式给出评估问题，无需通过参照其他评估对象的评估结果的相对顺序来确定评估等级；不能给出具体明确物理意义的定量评估结果；确定评价因素集或评价因素的层次递阶结构以及评价因素的权重需要依赖系统分析、层次分析等其他方法。

2.2.2 SLP 布局法

1. 基本原理

1961 年，美国人理查德·缪瑟（Richard Muther）提出系统布置设计方法，即著名的 Systematic Layout Planning，简称为 SLP。SLP 法主要以图表为辅助，通过非物流关系和物流关系分析，从而得到物流最小费用，并以此求得合理的规划布置。SLP 方法通过实践已经被证明是一种行之有效的工具，对区域布局规划具有显著的指导和引导作用，已被企业和学术界广泛研究和应用。

2. 操作步骤

SLP 法的基本要素主要包括物流对象 P、物流量 Q、物流作业路线 R、辅助服务部门 S、物流作业技术 T。利用 SLP 法进行物流中心规划布局，就要按照一定的流程实施，首先进行物流关系分析、非物流关系分析和综合关系分析，然后再确定单元作业位置、面积和几何形状，辅助服务部门设计，整体结束后再对规划方案进行评价。

（1）物流关系分析

物流关系是指物质资料转变为产品的过程。物流中心所有物流活动，均须经过详细分析，即“P–Q”分析，其中 P、Q 情况不同所采用的分析方法也不同，有物流过程图法、多物流对象物流过程表法、成组法、从一至表法。

（2）非物流关系分析

非物流关系属于定性关系，无法数据量化。影响非物流关系密切程度的因素有：物流、业务流程、作业性质相似程度及场所、设备、公用设施、档案、人员是否具有同一性，监督和管理是否方便、工作联系是否频繁、噪声、振动、烟尘、危险品影响程度、服务频繁和紧急程度等方面，这些都体现出物流中心各区域和各环节的联系程度。因此，要联系实际情况，对这些要素进行合理分析，并将这种定量分析逐步转化为要素衡量，主要包含程序性的关系、信息交流和货物运输过程中产生的关系、组织与管理上的关系、功能上的关系、环境上的关系等。一般将区域之间相关程度划分为 6 个等级，见表 2–1，将各作业单位之间通过非物流相关表的方式建立联系。

作业单元相互关系等级　　表 2-1

符号	排序	程度	比例
A	1	关系极为密切	2% ~ 5%
E	2	关系特别密切	3% ~ 10%

续表

符号	排序	程度	比例
I	3	关系比较重要	5% ~ 15%
O	4	关系一般	10% ~ 25%
U	5	关系不重要	45% ~ 80%
X	6	关系为负	酌情而定

（3）综合关系分析

在进行功能布局时，需要对物流关系和非物流关系二者进行整合，来确定综合关系。可以通过绘制各单元之间的关系表格合理布置各单元的位置。某作业单元与其他所有相关作业单元之间量化后的关系密切等级之和，就是该作业单元的综合接近程度。

1）物流关系与非物流关系的确定，对于整个物流中心的建设至关重要，两者的比重数值，一般来说处于 1/3 到 3 之间，当小于 1/3 时，物流关系的比重小到可以忽略不计，此时，物流关系在这种情况下只考虑非物流关系。大于 3 时，主要考虑物流关系，此时非物流关系在整个中心建设中的影响力可忽略不计。一般情况下，物流与非物流的相对重要性比值一般取 $m:n=3:1$、2∶1、1∶1、1∶2、1∶3 几种。

2）物流强度和非物流程度在前面是属于不可量化的，但可以通过一定方式将其量化，在实际应用中一般取 A=4、I=2、E=3、O=l、U=0、X=−1。

3）计算量化的所有作业单元之间的综合关系。若两作业单元 i 与 j，其量化的物流关系等级为 MR_{ij}，量化的非物流关系等级为 NR_{ij}，则作业单元 i 与 j 之间的综合关系级别数值就可以表示为

$$TR_{ij}=m\cdot MR_{ij}+n\cdot NR_{ij} \tag{2-2}$$

4）综合关系等级划分。TR_{ij} 是个数值，可以将各区间关系等级进行量化。依据 TR_{ij} 值的递减将综合关系等级划分为 A、E、I、O、U、X 六级，见表 2–2。

综合关系等级划分与对应比例　　表 2-2

关系等级	符号	作业单位成对比例（%）
绝对必要靠近	A	1 ~ 3
特别重要靠近	E	2 ~ 5
重要	I	3 ~ 8
一般	O	5 ~ 15
不重要	U	20 ~ 85
不希望靠近	X	0 ~ 10

（4）确定作业单元位置、面积与形状

物流小镇总规划就是将各作业单元位置按照密切度等级在平面图中快速有效地区划出来，不同级别亲密度之间的区域必然区别对待，同级别的再按照先后顺序进行具体排列。物流中心面积的设计通过计算方法或工程需要的土地面积来确定。当所需面积受实际条件限制时，就要通过改变建筑物排列、组合方式等来保证具体建设过程的完善。影响和限制面积的主要因素是货物作业量，可以估算：

$$R=W_d \cdot P_d \qquad (2\text{-}3)$$

式中，R 表示区域面积；W_d 表示区域 d 的物流作业量；P_d 表示区域 d 的面积利用系数。各区域面积利用系数 P_d 影响因素主要有货物类型、设施设备、存放方式等，这些均需要根据建造经验和实际条件来确定。

（5）辅助服务部门的布置设计

辅助部门是物流中心的重要组成部分，在布置中要引起足够重视。由于辅助服务部门不进行物流作业，多以人员流动和交流为主，主要有员工出入便利问题、信息传递与交流问题、生活环境安全整洁问题、人流、物流入口分别设置问题。

（6）方案评价

方案评价是物流中心整体系统布局设计过程的最终环节，需要对各种备选方案，进行单指标评价或多指标评价，最后给出评价结果。一般常用的评价方法主要有优缺点比较法、加权因素比较法、专家打分法等。

优缺点比较法　将几种方案的优缺点陈列出来，根据实际情况选择更加适合的方案。这在某些方面来说是一种定性方法。

专家打分法　通过多名专家意见和建议对某一问题进行归纳总结，得出结果。这一方法主观性较强。

加权因素比较法　对影响因素赋予权值，计算布局得分，得到最优方案。各因素的加权值通常是集体确定的，存在等级划分，等级划分依照一定准则分为五个等级，即 A、E、I、O、U 五级，分别从 0 ~ 4 依次赋值。根据不同因素的地位和作用设立加权值，将加权值与分值相乘，得到每个因素的评价值，然后再把同一个方案的评价值汇总即可。

$$T_i=\sum_{j=1}^{n} w_j \cdot S_{ij} \tag{2-4}$$

式中，T_i 表示方案 i 的总评价值；w_j 表示评价因素 j 的加权值；S_{ij} 表示第 i 个方案第 j 个评价因素的评价值。

3. 适用范围

SLP 法在 80 年代时，通过 Muther 来我国访问和讲学而传入了中国，经过不断的发展和壮大，目前主要被运用到各种设施布置以及物流规划之中，它作为一种比较基础的程序模式，不但可以应用于各种工厂的新建、重建、扩张中对厂房的布置优化，各个作业单位的布置以及各设备的放置和调整，还能应用于医院、机场、图书馆、校园、餐饮服务、商店以及各类服务业的设计，也适用于对办公室以及实验室等的设计。

2.2.3　遗传算法

1. 基本原理

遗传算法（Genetic Algorithm，GA）是模拟达尔文生物进化论的自然选择和遗传学机理的生物进化过程的计算模型，是一种通过模拟自然进化过程搜索最优解的方法。其主要特点是直接对结构对象进行操作，不存在求导和函数连续性的限定；具有内在的隐并行性和更好的全局寻优能力；采用概率化的寻优方法，不需要确定的规则就能自动获取和指导优化的搜索空间，自适应地调整搜索方向。遗传算法以一种群体中的所有个体为对象，并利用随机化技术指导对一个被编码的参数空间进行高效搜索。其中，选择、交叉和变异构成了遗传算法的遗传操作；参数编码、初始群体的设定、适应度函数的设计、遗传操作设计、控制参数设定五个要素组成了遗传算法的核心内容。

2. 操作步骤

遗传算法是从代表问题可能潜在的解集的一个种群开始的，而一个种群则由经过基因编码的一定数目的个体组成。每个个体实际上是染色体带有特征的实体。染色体作为遗传物质的主要载体，即多个基因的集合，其内部表现（即基因型）是某种基因组合，它决定了个体的形状的外部表现，如黑头发的特征是由染色体中控制这一特征的某种基因组合决定的。因此，在一开始需要实现从表现型到基因型的映射即编码工作。由于仿照基因编码的工作很复杂，我们往往进行简化，如二进制编码。初代种群产生之后，按照适者生存和优胜劣汰的原理，逐代演化产生出越来越好的近似解，在每一代，根据问题域中个体的适应度大小选择个体，并借助于自然遗传学的遗传算子进行组合交叉和变异，产生出代表新的解集的种群。这个过程将导致种群像自然进化一样的后生代种群比前代更加适应于环境，末代种群中的最优个体经过解码，可以作为问题近似最优解。它的基本运算过程如下：

（1）初始化：设置进化代数计数器 t=0，设置最大进化代数 T，随机生成 M 个个体作为初始群体 P（0）。

（2）个体评价：计算群体 P（t）中各个个体的适应度。

（3）选择运算：将选择算子作用于群体。选择的目的是把优化的个体直接遗传到下一代或通过配对交叉产生新的个体再遗传到下一代。选择操作是建立在群体中个体的适应度评估基础上的。

（4）交叉运算：将交叉算子作用于群体。遗传算法中起核心作用的就是交叉算子。

（5）变异运算：将变异算子作用于群体。即是对群体中的个体串的某些基因座上的基因值作变动。群体 $P(t)$ 经过选择、交叉、变异运算之后得到下一代群体 $P(t+1)$。

（6）终止条件判断：若 $t=T$，则以进化过程中所得到的具有最大适应度个体作为最优解输出，终止计算。

遗传算法基本图解如图 2–1 所示。

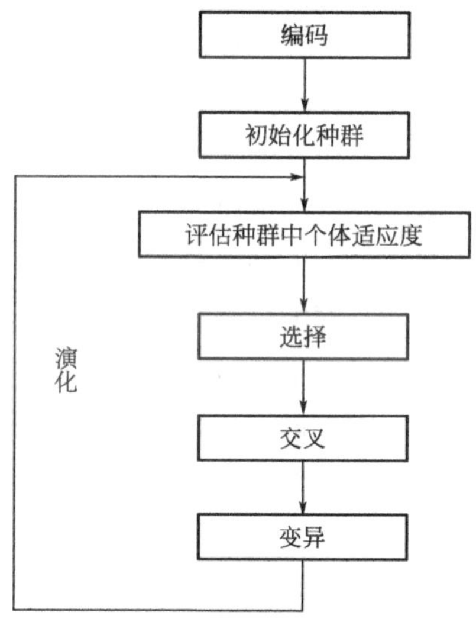

图 2–1　遗传算法基本图解

3. 适用范围

由于遗传算法的整体搜索策略和优化搜索方法在计算时不依赖于梯度信息或其他辅助知识，而只需要影响搜索方向的目标函数和相应的适应度函数，所以遗传算法提供了一种求解复杂系统问题的通用框架，它不依赖于问题的具体领域，对问题的种类有很强的鲁棒性，所以广泛应用于许多科学，如函数优化、组合优化、车间调度、机器学习、智能控制、人工生命、图像处理、模式识别等。

2.2.4 节点重要度法

1. 基本原理

节点重要度法是交通规划的一种常用方法。该方法从规划区域内节点分析入手，通过对节点重要度、线路重要度的计算，完成由点及线、由线及网的布局过程。

2. 操作步骤

（1）首先是确定路网的节点，并用节点的人口、产值、公路客货运量等能反应节点功能强弱及地位高低的指标，计算各节点的重要度，节点重要度是定量描述区域内各节点之间相对重要程度的指标，此指标仅是比较不同节点之间功能强弱的相对性指标，而不是判断节点重要程度的绝对性指标。

（2）根据路线连接节点的重要度，计算路线的重要度。

（3）根据重要度最大的原则，确定公路网重要度最大树。该公路网最大树是规划公路网的骨架，是一树状结构的公路网，而不是网状结构的，它仅保证了区域内各节点之间的连通。

（4）在确定路网重要度最大树基础上，以单位里程的路线重要度最大为优化目标，并以预测的未来公路网发展里程为约束条件，加边展开，逐次优化，并结合具体情况，合理安排各条线路的布局与走向，使公路网由树状向网状扩展完善。

3. 适用范围

节点重要度法以通达为目标，由路网节点的选择和路网线路的选择两部分组成，其核心是通过交通、经济要素的综合考虑建立节点重要度模型和节点间连线重要度模型，作为网络布局的依据。主要应用在城市路网规划问题中，美国、德国和日本等国在进行国家干线公路网规划时都采用这种方法。

2.2.5 聚类分析法

1. 基本原理

聚类分析法是理想的多变量统计技术，也称群分析、点群分析，是研究分类的一种多元统计方法。我们所研究的样品（网点）或指标（变量）之间存在程度不同的相似性（亲疏关系——以样品间距离衡量）。于是根据一批样品的多个观测指标，具体找出一些能够度量样品或指标之间相似程度的统计量，以这些统计量为划分类型的依据。把一些相似程度较大的样品（或指标）聚合为一类，把另外一些彼此之间相似程度较大的样品（或指标）又聚合为另一类，直到把所有的样品（或指标）聚合完毕，这就是分类的基本思想。

2. 操作步骤

聚类分析理论有很多，之前学者将所有的聚类分析方法做了总结，将所有的聚类分析理论分为五大类：基于网格的方法（Grid-based Method）、层次的方法（Hierarchical Method）、划分的方法（Partitioning Method）、基于密度的方法（Density-based Method）、基于模型的方法（Model-based Method）等。在这些聚类分析理论中，所有的聚类分析的聚类结果调整方法中都涉及划分的方法和层次的方法。聚类分析方法很多，大多数都包括数据预处理、为衡量数据点之间的相似性定义一个距离函数、聚类和分组、输出评估四个步骤。下面以 K-means 聚类算法为例，介绍聚类分析的具体步骤。

K-means 算法是目前使用最广泛的也是聚类算法中最简单的一种聚类分析算法。它是将各个聚类子集内的所有数据样本的均值作为该聚类的代表点，以距离作为相似度测度，通过迭代过程把所有的数据划分为不同类别，使得评价函数达到最优。K-means 算法流程如下：

（1）选定某种距离进行的相似性度量

K-means 聚类算法在计算数据样本之间的距离时，要选择距离模型来进行相似性度量。目前比较常见的距离模型有欧式距离、曼哈顿距离或者明考斯距离，其中最常用的是欧式距离。

假定给定的所有数据 $X=\{x_m|m=1，2，\cdots total\}$，$X$ 中的样本用 d 个描述属性 A_1，$A_2\cdots A_n$ 表示，并且 d 个描述属性都是连续的。

数据样本 x_i=（x_{i1}，$x_{i2}\cdots x_{in}$），x_j=（x_{j1}，$x_{j2}\cdots x_{jn}$），其中 x_{i1}，$x_{i2}\cdots x_{in}$ 和 x_{j1}，$x_{j2}\cdots x_{jn}$ 分别是样本 x_i 和 x_j 对应 d 个描述属性 A_1，$A_2\cdots A_n$ 的具体取值。样本 x_i 和 x_j 之间的相似度通常用它们之间的距离 d（x_i，x_j）来表示。距离越小，差异度越小。欧式公式距离如下：

$$d(x_i, x_j)=\sqrt{\sum_{k=1}^{d}(x_{ik}-x_{ij})^2} \quad (2-5)$$

（2）选择评价聚类性能的准则函数

K-means 聚类分析算法一般使用误差平方和准则函数来评价聚类性能。给定数据集 X，其中只包含描述属性，不包含类别属性。假设 X 包含 k 个聚类子集 X_1，$X_2\cdots X_k$；各个聚类子集中的样本数量分别为 n_1，$n_2\cdots n_k$；各个聚类子集的均值代表点（也称聚类中心）分别为 m_1，$m_2\cdots m_k$。则误差平方和准则函数公式为：

$$E=\sum_{i=1}^{k}\sum_{p\in X_i}\|p-m_i\|^2 \quad (2-6)$$

（3）相似度的计算根据一个簇中对象的平均值来进行，如图 2-2。

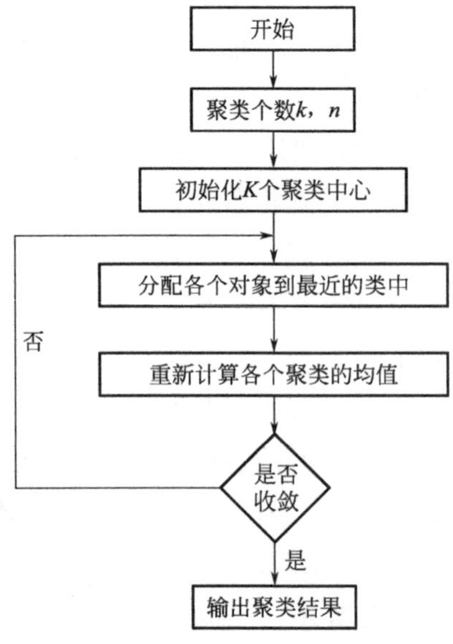

图 2-2　聚类算法流程图

1）将所有对象随机分配到 k 个非空的簇中。

2）计算每个簇的平均值，并用该平均值代表相应的簇。

3）根据每个对象与各个簇中心的距离，分配给最近的簇。

4）然后转步骤 2），重新计算每个簇的平均值。这个过程不断重复直到满足某个准则函数才停止。

3. 适用范围

聚类分析作为统计数据分析的一门技术，在许多领域都存在广泛应用。在商业上，聚类分析可以对不同特点的客户群体进行区分，并且通过购买模式等相关指标刻画不同客户群体的特征；在生物上，聚类分析被用来对动植物和基因进行分类，获取对种群固有结构的认识；在保险行业上，聚类分析通过平均消费水平来鉴定汽车保险单持有者的分组，同时根据住宅类型、价值、地理位置等相关指标来鉴定一个城市的房产分组；在因特网应用上，聚类分析被用来在网上进行文档归类来修复信息；在电子商务上，聚类分析在电子商务中网站建设数据挖掘中也有很重要的应用，通过分组聚类出具有相似浏览行为的客户，并分析客户的共同特征，可以更好地帮助电子商务用户了解自己的客户，向客户提供更合适的服务。

第 3 章　物流特色小（城）镇发展现状及未来诉求

3.1　物流特色小（城）镇发展历程及空间形态

3.1.1　发展历程

1. 企业功能单一、布局分散阶段

在物流小（城）镇发展初期，城镇内部企业的发展规模并不大，以小企业为主，企业之间的物流需求并不很多，不成规模，而且物流需求多数是临时的、偶然的，并不固定。因此，当时流通业并没有受到重视。在这种情况下，农工商业有关企业间的物资交流，以自发、零散的形式进行，基本没有固定的物流节点，呈现分散局面，这与当时的生产力水平是相适应的，对促进经济社会发展发挥了重要作用。

在该时期，物流节点的另一个特点是功能单一。它们的功能大多是货运中转，或单纯的仓储功能。处在该时期的物流企业并不是真正意义上的物流企业，准确地说，它们应该是仓储公司、运输公司。各个物流功能是彼此相互独立的，一体化的物流系统还没有出现。

2. 多功能、分布合理的物流园区形成阶段

随着生产力的发展和科学技术水平的不断提高，特别是物流市场竞争的日益激烈，第三方物流兴起，传统的货运场站、仓库

大量企业自营的物流中心、配送中心分散布局的弊端越来越明显。具体表现在：布局不合理，缺乏统一规划；无法达到经济规模，难以实现集约化经营；各节点功能目标、作业流程、作业方式雷同相似，缺乏合理分工与协调配合，难以实现专业化，资源闲置与重复配置矛盾突出；不利于物流节点现代化经营等诸多方面。这种传统的物流节点分散经营模式亟需进行系统整合以实现规模效应。

同时，市场竞争机制使各运输方式以及不同物流节点之间存在一定程度的竞争。刚开始，物流节点在竞争中保持各自的合理空间服务范围。但由于科技进步的影响，不同运输方式和物流节点的经济技术优势不断发生变化，再加上经营管理体制和方式的制约，物流节点间竞争更加复杂。各节点间的边界范围逐渐模糊，各自空间服务范围彼此交错、渗透和融合。尤其随着多式联运等现代运输方式的发展，空间运输联系更具普遍性，物流节点内作业对象往往需要跨出自身的优势范围。为了保持过程的完整性，物流节点间的合作成为必然。随着客户需求的精细化，企业物流服务需求呈现出批量小、频率高、时效强、速度快的特点，物流节点必须提供更加灵活多样的服务。然而单个物流节点很难具有全部的物流服务功能，难以实现规模化经营。物流作业环节的增多也使得物流生产成本上升，不同物流节点间的作业协调非常必要。

因此，多功能、分布合理的物流园区顺势而生。物流节点的集中化趋势是城镇物流发展到一定阶段的必然结果。

3. 生产联系、空间协作的物流集聚区阶段

伴随经济集中化的发展，地区货运量也存在相应的集中化趋势。在工业化发展过程中，由于资源禀赋的制约，工业生产在地域空间上逐渐出现了相关企业成群分布的现象。在工业化中前期，这种成群布局是在大尺度空间范围内的集中，相关企业间的分布一般在一个大区域范围内或一个城市的不同地区内，企业之间并不毗邻。为了满足不同地域和不同生产单位之间的生产联系

和经济协作，物流节点一般相伴设置，呈现分散化空间布局。随着工业进程的加快，企业面临的市场竞争越来越激烈，更加专注企业核心竞争力的培养和发展。因此，它们逐渐将物流业务外包。随着产业的集中，被外包的物流业务必然出现空间集中，这就为规模化的物流生产提供了可能。与此同时，产业的发展，带动了物流服务需求种类和规模的增加，物流节点需要扩大服务功能与作业规模，这与区域地理空间的有限性和城镇规划形成矛盾，物流节点只能通过相应的空间集聚实现布局调整。

在宏观层面，城市和区域经济集中化表现的产业空间集聚现象，在提升产业竞争力的同时，促进了产业间的渗透融合与分工细化，相应地也要求作为地区经济运行发展基础保障的物流系统一方面要具备通达地交通网络，另一方面则需要具有伴生的大型物流节点提供集聚区内的多样化的物流组织与管理职能。物流园区与经济的从属关系也客观上要求在经济集中化的同时，实现物流节点相应地集聚。经济发展的微观运作与宏观表现的双重作用，使得物流园区这种多物流企业的空间集聚体应运而生。

4. 物流节点成体系、覆盖广泛的物流小（城）镇阶段

随着物流集聚区的发展和蔓延，多层次、成体系的物流节点来连接不同的物流线路，形成大型而完整的物流系统，物流小（城）镇顺势而生。通过三个层次的物流节点配置，各种物流节点相互分工并且综合发挥作用。区域物流基地（物流园区）是集约了多种物流设施，综合了储存、分拣、流通加工、增值包装、订单处理及废弃物回收处理及信息处理等功能、辐射范围广的大型区域性货物集散中心，主要面向社会服务。有了这种物流节点，就能够实现区域之间进行快速、直达、大量的干线运输，尤其是多式联运的干线运输，实现本区域其他地区的大规模物流往来。它可以与干线运输相衔接，也可以与区域物流基地（物流园区）相衔接，起到连接大型区域物流基地（物流园区）和本地区其他物流节点的作用。配送中心是面向最终用户的，进行末端运输的、专业化的、规模适于需求的专业性物流节点。通过政府

引导，全面规划，统一开发，配套建设的发展过程。规模从小到大，功能从混杂到分区明确，由单一建设到综合开发，由低层次向高层次综合配套建设发展。

3.1.2　空间形态模式

城镇的形态是构成城镇所表现的发展变化着的空间形式的特征，是一种复杂的经济、社会、文化现象和过程。特别是特色小（城）镇的规划布局，更强调从城镇的形态变化可以看到城镇的发展轨迹，它带有变幻难测、不易把握的特点，但恰恰又是探求一个城镇发展规律的一个重要方面。城镇由于发展演变形式的不同，从总体空间布局概括，可以分为集中与分散的两种模式。

1. 集中布局

（1）块状式。集中块状模式：也可称饼状或同心模式，由镇区中心逐渐向外扩展而形成，是小（城）镇布局常见的形态模式。尤其在平原地区，小（城）镇由中心逐渐向周围自由扩散演变，大多具备用地紧凑、中心单一、生产与生活连片的特点，在发展规模达到一定程度后，可形成新的中心。

（2）带状式。集中带状模式：这种模式主要受交通条件、山体与河流等社会和自然条件的影响而形成。这种布局一般纵向较长，横向较窄，以主要道路为轴组织生活与生产，具有自然的亲和性，生态环境较好。但镇内交通组织与用地功能组织的矛盾相对较复杂。这种形态下的进一步发展要尽量避免两端延伸过长，宜将狭长的用地划分为若干段（片），按生产与生活配套原则，配置生活服务设施，分别形成一定规模的综合区及中心，应重点解决纵向交通联系问题。

（3）集中组团式。因地形条件、用地选择或用地功能组织上的需要，城镇按地形或交通干道划分若干组团。每组团生产、生活基本配套并相对独立。组团之间空间距离不大，可谓相对集中组团方式。

（4）双城式。是一种由 2 个独立组团整合组建为整体协调发展的小（城）镇空间布局形态。采用这种形式进行规划布局应该力求两个组团合理分工、互为补充、协调发展，避免各自为政，盲目扩大规模。

2. 分散布局

（1）分散组团式。因地形和用地条件限制以及城镇空间发展需求，城镇由分散的若干组团形成，各组团间保留一定的空间距离，环境质量较好。采用分散组团式规划布局时应组织好组团间交通联系，节约城镇建设投资及管理运行费用，避免用地规模过大。

（2）多点分散式。因受地形和矿产资源分布的影响，以采掘加工为主的工矿镇分散建设，生产、生活就地简单配套所形成的布局空间形态。其过于分散，对生产、生活和城镇建设发展不利。

3.2 物流特色小（城）镇发展现状及存在问题

3.2.1 物流特色小（城）镇调研对象

本书对物流特色小（城）镇开展研究主要运用是实地踏勘、文案研究、专家座谈会的形式。

1. 调研范围及文献来源

（1）首批 127 个特色小镇名单中，5 大商贸物流特色小镇；

（2）部分省市公布的《十三五特色小镇规划》，如四川省在“十三五”规划中，公布的商贸物流类 31 个小镇；

（3）各省市为申报物流特色小镇而编制的《特色小镇可行性研究报告》《特色小镇建设实施方案》等；

（4）各省市为总结小镇培育经验，而总结编制的《特色小镇培育建设调研报告》等。

2. 研究对象举例

物流特色小（城）镇举例　　表 3-1

序号	名称	序号	名称
1	邵东廉桥镇	11	临沂岭泉镇
2	海宁皮革城	12	唐山丰登坞商贸物流特色小镇
3	山东寿光果蔬交易市场	13	辽源·汽车商贸物流特色小镇
4	长沙黄兴镇	14	蒙自市雨过铺镇商贸物流特色小镇
5	安化茶马古道	15	渭源县会川商贸物流小镇
6	合肥商贸物流开发区	16	新都区斑竹园镇
7	峄城区古邵港航物流小镇	17	腾冲物流小镇
8	滨城区秦皇台乡	18	临沂国际商贸城物流小镇
9	秦皇岛临港物流园区物流小镇	19	乐东黎族自治县千家农产品物流小镇
10	云南保山隆阳区辛街乡商贸物流特色小镇	20	洪江古商城文化旅游区

3.2.2 物流特色小（城）镇发展现状

随着中国城镇化进程的加快，特色小镇作为城乡产业融合的重要措施也不断推进。2015 年起，全国共 22 个省份陆续出台和公布省级特色小镇创建名单及计划。2016 年中央政府推进特色小镇建设后，各地政府积极响应，明确建设目标及用地指标、资金支持等政策。以浙江为例，2020 年至少培育 1200 个各具特色、富有活力的特色小镇。

2016 年以来中国部分省市特色小镇相关政策　　表 3-2

部分省市特色小镇培育目标	浙江省：重点培育和规划建设 100 个左右特色小镇	天津市：到 2020 年，创建 20 个市级特色小镇
	江苏省：到 2020 年力争形成 100 个左右特色鲜明的特色小镇	安徽省：2020 年，重点培育 80 个左右特色小镇

续表

<table>
<tr><td rowspan="2">部分省市特色小镇培育目标</td><td>重庆市：十三五期间，建成30个左右的特色小镇</td><td>贵州省："十三五"期间，建设100个示范小（城）镇</td></tr>
<tr><td>河北省：3 ~ 5年时间，培育建设100个特色小镇</td><td>广东省：到2020年建成100个省级特色小镇</td></tr>
<tr><td rowspan="3">部分省市对特色小镇的金融政策支持</td><td colspan="2">陕西省：给予省级重点示范镇1000万元/年资金支持，省级文化旅游名镇500万元/年资金支持</td></tr>
<tr><td colspan="2">天津市：6%贷款年利率，不超过1000万元的贴息扶持</td></tr>
<tr><td colspan="2">福建省：对特色小镇给予债券和贴息支持</td></tr>
<tr><td rowspan="4">部分省市对特色小镇的土地政策支持</td><td colspan="2">福建省：对每个特色小镇各安排100亩用地指标，新增建设用地计划予以倾斜支持</td></tr>
<tr><td colspan="2">浙江省：对如期完成年度规划目标任务的按实际使用指标的50%给予配套奖励</td></tr>
<tr><td colspan="2">陕西省：给予每个省级重点示范镇1000亩、文化旅游名镇（街区）200亩城乡建设增减挂钩用地指标支持</td></tr>
<tr><td colspan="2">福建、江西、山东、湖北等省都要求特色小镇的建设要优先利用低丘缓坡地、滩涂资源和存量建设用地</td></tr>
</table>

物流业日益成为朝阳产业。在物流行业转型升级和城乡物流一体化的大趋势下，物流特色小（城）镇成为新时代物流业发展的一片新蓝海。物流特色小（城）镇不同于以物流产业为主体、作为发展工具和空间载体的物流园区，物流特色小（城）镇是以居民为主体，是一种物流产业与城镇有机互动的发展模式，具有多元的功能、完善的物流和其他产业服务、社区的认同、浓郁的生活氛围。

1. 开发类型

物流特色小镇发展时间虽短，但已经表现出了很强的示范效应和发展潜力。而对于不少地方来说，特色小镇既是当下的抓手，也代表着未来。通过对物流特色小镇的调研和文案研究，结合发展现状可以将其开发类型分为四大类：原产地型、集散地型、交通节点型和商贸文化旅游型。具体各类型参照表3-3内容所示。

物流特色小镇开发类型　　表 3-3

类型	特点	案例
原产地型	通过生产某一类型产品从而形成的商贸物流产业	邵东廉桥镇
集散地型	通过产品的运销从而形成的商贸物流产业	海宁皮革城 山东寿光果蔬交易市场
交通节点型	利用交通节点来发展商贸物流产业	长沙黄兴镇
商贸文化旅游型	通过古镇的商贸文化来发展文化旅游产业	安化茶马古道 洪江古商城文化旅游区

（1）原产地型

通过大规模生产某一类型产品，从而形成以该类型产品的运输、销售、仓储等经济贸易活动，进而形成以商贸物流产业为主的生态环境较好、具有人文底蕴的特色小镇。

特点：资源优势独特，产业集聚度高，交通便利。

项目介绍：廉桥镇地处湘中腹地，邵阳市东大门，是邵东县经济重镇，拥有全国十大药市之一排名第四的大型中药材市场，素有“南国药都”之美誉，成为中国 127 个特色小镇，湖南省 5 个中的 1 个，其发展定位于以中药材种植、商贸、物流特色产业为核心，文化底蕴为灵魂，宜居宜业的中药材商贸旅游小镇（图 3–1、图 3–2）。

图 3–1　南国药都——邵东廉桥镇

图 3–2　中药材全产业链

发展特征（图 3–3）：

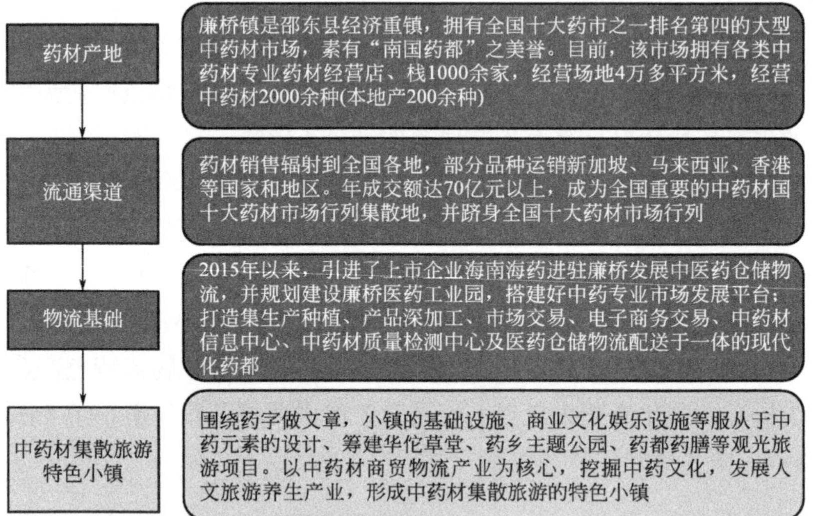

图 3–3　发展特征

（2）集散地型

通过向各地大量运输、销售某一类型产品，形成市场影响力和知名度，吸引同类型产品在此生产、加工、制作、销售的过程，发展成为集散型商贸物流为主的特色小镇。

特点：产业集聚度高，交通发达。

项目介绍：海宁皮革时尚小镇位于浙江海宁市区西侧，规划面积 3.5km^2，涵盖海宁中国皮革城，一个中国皮革产业的集散中心，素有“皮革之都”之称，小镇将依托皮革产业发展成为皮革时尚策源地和贸易服务中心、传统产业转型升级的示范基地（图 3–4）。

图 3–4　皮革之都——海宁皮革时尚小镇

发展特征（图 3–5）：

皮革集散地	以雪豹为代表的的海宁皮革服装产业已形成较大的产业规模，同时部分小型家庭商户开始进行批发皮革生意。1994年成立海宁中国皮革城，通过展销会、媒体宣传等活动迅速炒热市场，成为皮革类产品的集散地
皮革商贸物流产业	经过十多年发展，皮革市场和产业联动作用明显，加上成功的招商运营管理，海宁皮革市场名声大噪，于2010年成功上市。2005年搬迁至新城，壮大皮革服饰专业市场，改善市场经营环境和配套，同时不断扩大皮革产业链，成为皮革之都，皮革商贸物流产业
皮革服饰商贸物流小镇	围绕皮革产业，发展市场旅游贸易、服装工业设计、会展和时尚发布，皮革工业研发与制造产业、时尚生活休闲产业等。依托皮革服饰商贸物流产业，发展皮革文化旅游，形成皮革服饰商贸物流特色小镇

图 3–5　发展特征

（3）交通节点型

随着我国铁路、公路、轻轨等建设，路网相交形成的交通节点，利用交通节点的便利发展商贸物流产业，从而形成区域型商贸物流产业为主的特色鲜明的特色小镇。

特点：水、路、空等各种交通便利，与大都市联系紧密。

项目介绍：黄兴镇地处长沙市东郊，浏阳河畔，是辛亥革命元勋黄兴和共和国大将许光达的故乡，化工业曾是当地的经济支柱，曲折发展后最终明确了建设黄兴现代市场群，打造长沙市生活性物流市场集散地思路，重点发展商贸物流业、旅游业（图 3–6）。

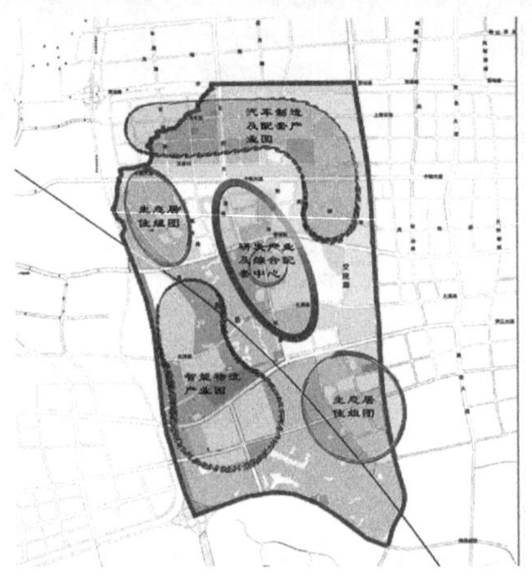

图 3–6　现代物流小镇——长沙县黄兴镇

发展特征（图 3–7）：

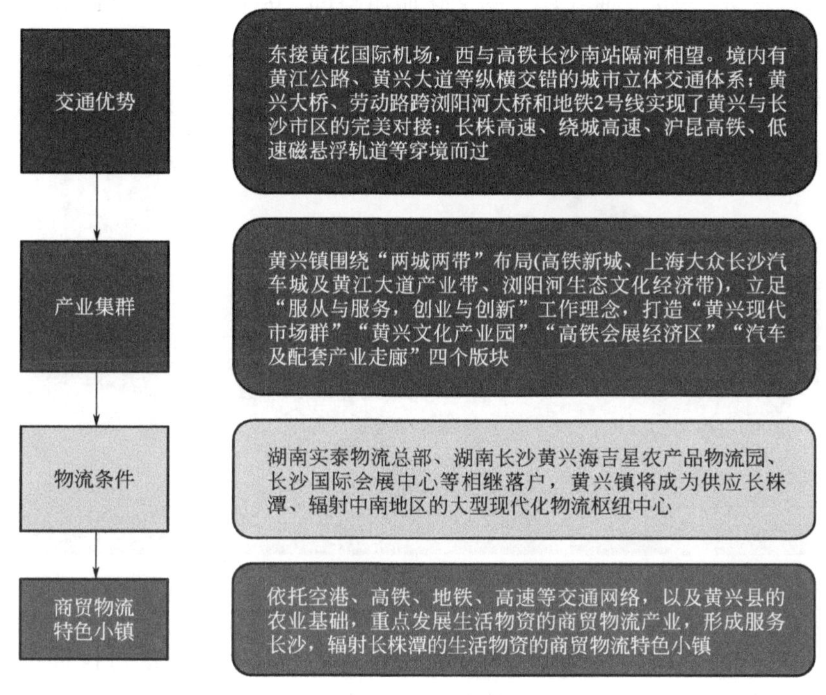

图 3–7　发展特征

（4）商贸文化旅游型

依托古城悠久的商贸历史文化，建筑保存完整，开发形成以商贸文化旅游为主的文化底蕴浓厚的特色小镇。

特点：历史文化悠久，建筑特征明显且保存完好。

项目介绍：洪江自古以来就是湘西南重要的驿站和繁华的商埠。以集散洪油、木材、鸦片、白蜡而闻名于世，是滇、黔、桂、湘、蜀五省地区的物资集散地，素有“七省通衢”“小南京”“小重庆”“湘西明珠”之美称。洪江古商城是中国历史上西南省际边境民族工商业发展的缩影，堪称中国资本主义萌芽时期的“活化石”。洪江古商城文化旅游区计划在 2020 年前完成，总投资近 50 亿元，主要开发建设范围为古商城核心区域 1.2km^2、川岩新区 5.3km^2 地域，总建筑面积约 169m^2，项目以古商城为核心景区，以川岩新区为延伸拓展区，逐步有机更新传统街巷，打造“一心一带三轴五片”的文化旅游空间，从而将洪江打造成为经济复兴、旅游发达、社会和谐、生态永续、文化凸显的“中国第一古商城”（图 3–8）。

图 3–8　中国第一古商城——洪江古商城文化旅游区——咬定青山不放松

目前，洪江古商城斥资十亿对“烟雨洪江”项目进行投资建设，保护古城的完整性和恢复工程以及核心景区体质扩容，目前完成原百货大楼游客接待中心改建、大湾塘生态停车场建设及部分重点古建筑的维修，启动安置房建设工程。

发展特征（图 3–9）：

2. 发展模式

一是企业主体，政府服务，政府负责小镇的定位、规划、基础设施和审批服务，引进民营企业建设特色小镇。

二是政企合作、联动建设，政府做好大规划，联手大企业培育大产业。

三是政府建设、市场招商，政府成立国资公司，根据产业定位面向全国招商。

3. 基本特征

物流特色小镇发展的四大特征：

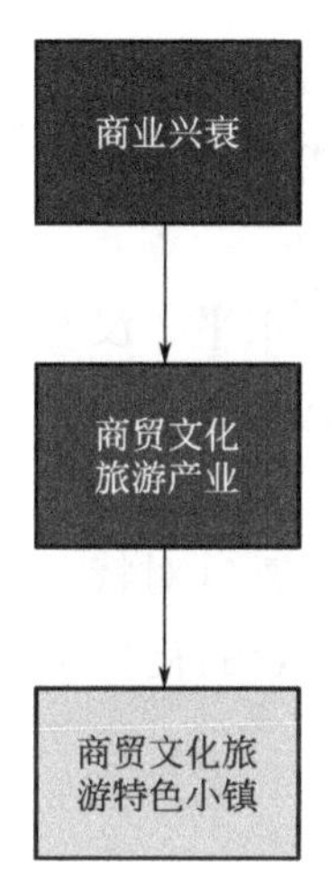

古商城发端于宋代，兴盛于明清之际，繁荣于清末，鼎盛于抗日战争时期，而近代落后的经济发展和闭塞的自然环境使其逐渐衰落。沅、巫二水流经洪江，便利的水运交通，得天独厚的地理位置，带来发达的商业贸易，使其成为洪油、木材、鸦片、白蟒的物资集散地

古商城核心区域以保护文化为主，自古是驿站和商(不认识)的古城开始基于“商”文化为主的旅游开发。对古建筑遵循修旧如旧、建新如旧的原则，延续明清、民国时期居民本色，将水运码头复原，再现商贾云集码头的繁华盛况

古商城核心区以文化的保护和修复为主，延伸的拓展区以开发建设为主，包括休闲度假带、养生度假区，以及政务中心、商业组团、游客服务中心、酒店接待等旅游及城市配套服务设施。形成一个集历史古迹、民宿风情、休闲娱乐、餐饮等于一体的旅游小镇

图 3–9　发展特征

（1）基础设施、交通条件、配套建设等较为完善；

（2）产业上以商贸物流产业、旅游产业为主导；

（3）除产业功能外，还需有居住、生活服务性功能；

（4）规模视产业而定，可大可小。

3.2.3　物流特色小（城）镇存在问题

1. 定位雷同，因地制宜特色不明显

不顾本地的产业基础、资源禀赋、区位条件、历史文脉等条件，简单模仿国外和其他省市特色小镇建设和运营模式的现象；所有产业一起上，多头抓，难以明确主导产业。

2. 重形式不重内容，未结合产业培育的客观规律

目前，特色小镇建设多停留在一般的政策要求和号召上，一些地方普通项目摇身一变，戴上了特色小镇的帽子，内容上没有任何变化。未结合规律，提供小镇建设的评价指标体系与具体引导管理指南。

3. 轻视系统性规划设计，产城功能不协调

相对独立地设立产业集聚区、文化创意区和城市生活区；有些小镇核心区块不清晰，甚至范围不清楚，城镇功能“散而弱”。

4. 经济活力低，产业带动及辐射能力差

仓促上马，选址没有结合当地的经济和社会发展水平，没有考虑到产业结构和发展水平，对全产业链的调查研究不深入。

5. 标准和制度保障不够，高质量建设难以为继

目前在选址、规划、环保、运营管理等方面还缺乏针对特色小镇建设的具体标准和制度保障，也缺乏与既有规划的良好衔接，质量良莠不齐。

6. 尚未将宜居、人文环境在规划中充分重视

基础设施与公共服务设施的融合不够，如环境卫生、公共设施与产业基础设施的融合、垃圾处理、交通秩序等方面。

7. 高新技术应用不足，智慧小镇未实质性落地

高新技术、特色产业经济以及高新技术产业和传统产业的结合创新不足，如“云技术、金融产业、智慧产业、特色小镇＋互联网＋传统产业”等新型产业的跨界发展和融合发展不够。

8. 前瞻性不足，基础设施与公共服务难以支撑

基础设施和基本公共服务供给条件建设方面的一大特征，是对总体建设规划的水平具有相当高的要求，因为不论是交通、上下水、供电、供暖，还是通信、通邮、涵管等，都必须合理形成一种网络系统，而桥梁、隧道、学校、医院、商场等，则应作为这种网络上的节点而合理布局（俗称“网点”）。一个城镇区域的“顶层规划”，至少应有一百年以上的眼界，否则便是不合水准的低劣方案。而当前特色小（城）镇“顶层规划”下的基础设施和基本公共服务条件建设，前瞻性不够，没有适当的“提前量”。

9. 土地集约化程度低，存在泛房地产化风险

不同类型的特色小（城）镇，人口预测指标方法不同，产业型特色小（城）镇和文化型特色小（城）镇人口预测因子选取各异，所以对用地指标的配置就会有差异，但现在特色小（城）镇

面临明显的两个极端现象，东部沿海地区小（城）镇建成区规模普遍较大，而内陆地区小（城）镇建成区规模普遍较小。第一批 127 个全国特色小（城）镇（5 个数据缺失）人均建设用地面积 243.75m^2，指标偏高、小（城）镇建设用地粗放，土地集约节约程度不高。同时，也有一些地方打着小镇建设的旗号，实质却是地产开发。即使如此，入选的特色小（城）镇普遍反映建设用地指标是制约小（城）镇建设项目发展的最主要问题。

3.3　新时期物流特色小（城）镇功能诉求与发展目标

3.3.1　新时期物流特色小（城）镇面临的新要求

当前，我国物流业仍然处于重要的战略机遇期，面临新的机遇和挑战。社会主义现代化强国建设的新征程，对物流业发展提出了新要求。随着“制造强国战略”的实施，需要推动现代物流业、现代供应链与先进制造业深度融合；围绕“乡村振兴战略”，需要加快构建和完善面向农业、农村和农民的物流服务网络；贯彻“区域协调发展战略”，需要统筹西部大开发、东北全面振兴、中部地区崛起、东部率先发展和京津冀、粤港澳大湾区、长三角等地区物流布局；结合打赢蓝天保卫战要求，需要调整运输结构，优化物流布局，大力发展绿色物流；配合全方位对外开放战略，需要以“一带一路”为重点，打造服务全球的物流基础设施和产业供应链体系。

依据现在物流特色小镇的发展现状及存在问题，物流小镇的后续发展需要从发挥政府作用、培育治理能力、发展特色经济、提高法治水平、培育非正式规则体系、合理分配权责等方面进一步满足其新时期的发展要求。

1. 围绕物流特色产业打造创业生态的要求

在这方面需要物流特色小镇将精力集中于良好的特色产业创业生态环境的建设。营造出多主力权力分散、配合顺畅运行良好、权利义务相匹配的优质创业生态，进而吸引更多的物流企业进入小镇之中，帮助小镇突出物流的文化及对小镇的认同感，强化物流的作用。

2. 借助物流网络辐射及连接周边的要求

在物流小镇中利用先进的互联网和大交通实现物流小镇治理的广泛性与有效性，并加强融合，把物流特色小镇建设成为整个物流供应链中既是市场主体又是物流运输中的重要节点。实现生活、工作及生态功能相结合的新型互联特色的物流小镇。

3. 打造现代化物流园区的智慧物流特色小镇的要求

现代物流企业在网络化、信息化与多样性的发展趋势下，使得物流产业的服务能力有所提高，初步建立了现代物流服务体系。信息技术在当今作为新的驱动力，给物流特色小镇的协同运作提供了强有力的支撑。基于互联网视域下，电子商务等业务快速发展加快了快递行业的发展进程。作为物流业的重要分支，快递业的发展预示着物流行业服务能力的不断提高。

为打造智慧物流，物流特色小镇需要重点建设电子商务快递物流园、邮政速递物流邮件处理中心及分拨集散中心，建成后随着重点商贸项目的投产，能帮助物流特色小镇加快形成商贸物流产业集群、快递物流产业集群及冷链物流产业集群。在整体的物流供应中起到节约时间、提高效率的作用。

4. 发展物流特色产业，推动物流产业转型升级的要求

产业是小（城）镇的生命力，特色是产业的竞争力。互联网时代的现代物流业是一个资金流、人才流、技术流、信息流的综合产业，它创造的时间价值、空间价值、品牌价值和经济价值远超人们对传统物流的认知。物流特色小镇的核心产业是物流业，要想推动物流业的转型升级需要利用新而活的运行机制实现其物流价值的再造。加速社会化、数字化资源的全社会重新配置，高效的物流体系和智慧物流的应用是实现物流业转型的关键。通过完善基础设施、增加人才的密集度且利用集体经济优势为物流特色小镇的发展起到积极作用。

5. 提升物流特色小镇整体运营管理能力的要求

物流特色小镇的建设改善选址地的资金净流出局面，减少不必要的行政干预，从政策环境上支持外部投资者和物流企业的进入。通过提升管理并采取灵活的机制整合物流小镇的诸多资源，并以物流企业为主，采取市场化的运作模式，维护良好的物流产业空间，最终实现物流小镇的产城融合。

6. 实现物流双向减本增效助推供给侧结构性改革的要求

物流特色小镇的建设有利于其所在区域经济结构调整和培育具有竞争力的物流企业。特别是在新常态下物流业依旧靠总量扩张增长的发展模式走向终结后，物流业增长质量的提升与发展水平的跃进都能在物流特色小镇中体现出来。

3.3.2　新时期物流特色小（城）镇的发展目标

1. 规划合理、集约顺畅

物流特色小（城）镇逐渐成为物流产业发展的一种新机制，对国民经济特别是区域经济发展产生的影响越来越显著。未来物流小（城）镇的发展将会统筹区域规划，综合考虑区域的产业布局、产业关联程度、辐射集聚效应、交通运输条件及与周边区域相关关系等因素的基础上进行科学规划，实现物流小镇的科学与可持续发展。

2. 创新引擎、智慧高效

智慧物流是一种面向服务、高效智能与集成的现代运作模式，智慧物流的运作离不开信息平台的支持。利用互联网信息化技术，加强对物流活动的计划、组织、指挥、协调、控制和监督，使各项物流活动达到最佳协调与配合，提高物流效率，实现智慧化物流，引发了上下游供应链协同变革发展的同时，带动小镇内各方面的发展。

3. 低碳环保、生态宜居

社会各界对加强环境治理形成共识，国家生态文明建设步入快车道。物流业作为继工业和生活消费后的第三大能耗产业，也是温室气体排放的主要行业，加强物流领域的绿色环保和节能减排对生态文明建设具有重要意义。未来，物流小（城）镇的建设也将注重绿色低碳、宜居环保的发展模式。

4. 特色引领、产业集聚

通过物流活动作业的进行，带动小（城）镇的功能构成、空间形态与用地布局、产业发展与布局、公共设施、道路交通等方面的发展，进而实现物流产业要素快速集结，实施小（城）镇的精准产业招商，构建产业生态系统、推动产研互动结合、强化主导产业扶持等战略举措的综合运用与有效实施。

第 4 章　国内外经验借鉴

4.1　国内特色小（城）镇规划类型及经验分析

4.1.1　规划类型

1. 旅游休闲型

充分利用本地区特色景观、历史文化、民俗宗教、休闲养生等优势资源，鼓励旅游业占主导地位或具有较大发展潜力的小（城）镇，加快发展旅游休闲产业，力争打造 4A 级以上旅游景区，推动城镇建设和旅游休闲产业发展有机融合，建成区域旅游集散和服务中心。加强旅游休闲、历史文化、生态环境等资源的保护利用，打造特色化的景点景观，完善城镇及旅游配套设施，提供高品质的旅游服务。把旅游城镇建设与景区景点建设结合起来，加强旅游小（城）镇的可进入性，完善旅游公共服务功能，设置游客中心、停车场、导览标识及环卫设施等，提升旅游小镇的接待能力。统筹城乡景观建设，促进小（城）镇建设与自然山水景观有机融合，打造镇村连片景观带。在旅游镇规划建设中加强旅游业与文化产业的融合，深入挖掘小（城）镇文化内涵，加大对传统民居、宗教遗迹、民间艺术等特色资源的保护，在旅游形象、旅游产品、宣传营销等方面注入文化特色，加强对外推介，塑造特色旅游品牌。

2. 现代农业型

充分利用本地区田园景观优美、农业生产经营活跃、乡土风情浓郁等优势，鼓励花卉、果蔬、林业、渔业、牧业等农业产业化资源丰富的小（城）镇，加快发展现代农业和农产品深加工产业，推动4A级景区建设，促进城镇建设和都市农业、现代农业相互结合，建成宜农宜游、保留乡愁记忆、服务“三农”的特色小（城）镇。围绕农产品生产、流通、消费等环节，充分考虑农业生产、农村生活的功能要求，培育农产品品牌，加强农产品地理标志保护，建设无公害、绿色和有机食品生产基地。支持农产品批发市场和流通企业跨区域发展，加强重要农产品集散地、优势农产品产地市场、主要农产品集配中心建设。积极培育集观光、体验、度假、购物等为一体的农业产业新业态，形成新的经济增长点。积极发展高品质、高附加值的种养业，拓展以体验农业和创意农业为重点的休闲度假、观光旅游模式，适应消费结构升级的需要。大力发展优质粮油、畜禽、果蔬、花卉、水产等特色农业，延长产业链，提高附加值，满足多样化的消费需求。鼓励依托森林、草场、光热等优势资源，积极发展林下经济、优质牛羊肉、中药材、亚热带水果、反季节蔬菜等名特优新农产品，拓展发展农产品精深加工和旅游观光农业。

3. 商贸物流型

支持区位优势突出、位于重要交通节点、镇区常住人口多的小（城）镇，以交通为依托，以需求为导向，加快发展商贸业、物流业、会展业等，强化城镇功能与商贸服务功能的有机结合，打造成为辐射周边区域的商贸流通、物资集散中心。

加快交通运输、邮电通信等基础设施建设，完善城镇公共服务功能，促进技术、信息、人才等生产要素自由流动，强化对周边区域的辐射带动作用。科学布局综合市场及各类专业批发市场，着重加强商业街区、仓储物流设施建设，着力培育以商务会展、农产品流通、物资集散、电子商务等为主导的产业形态。加快产镇和镇村联动，以特色小（城）镇为节点，加强电商服务站（点）建设，推进农村电商发展和“快递下乡”。落实内贸流通行政管理权力清单、市场准入负面清单等制度，加强事中事后监管。利用信息技术加强市场监管，提升商务执法能力，整顿和规范市场流通秩序。

4. 加工制造型

依托资源禀赋、产业园区等条件，支持以工业为主导、制造业基础较好、发展潜力较大的小（城）镇，发展壮大特色产业，加快新兴产业培育和传统产业改造升级，推动产镇融合发展，增强城镇服务功能，加快推进特大镇建设，建成具有较强人口集聚能力和产业竞争力的制造业基地。

坚持走新型工业化、新型城镇化发展道路，做好城镇总体规划和产业发展规划的衔接，统筹考虑城镇新区和工业园区规划建设，通过新区的开发建设和功能的完善，加快人口集聚和产业发展。加强对现有工业园区支撑和服务配套能力建设，按照集聚集群集约的要求，延伸产业链，促进关联产业协作发展，壮大产业发展规模。推动创新驱动转型发展，鼓励大众创业、万众创新，积极承接产业转移，大力发展循环经济和绿色产业，加快培育新经济、新模式，做精做强主导特色产业。积极吸纳农业转移人口到镇区就业、居住，促进居民就业增收致富，带动商贸、餐饮等生活性服务业发展，为小（城）镇发展提供持续有效的活力动力。

5. 文化创意型

充分挖掘悠久的历史文化遗存、深厚的巴蜀文化底蕴和鲜明的民族文化传统，适应人民群众不断增长的精神文化需求，支持历史文化资源丰富、艺术人才汇集、文化产业发展潜力大的小（城）镇，加快发展文化旅游、创意设计、影视动漫、艺术创作、文博等特色文化产业，建成具有一定影响力和独特魅力的文化创意基地。

加强历史名镇建设，强化空间立体性、平面协调性、风貌整体性、文脉延续性等方面的规划和管控，留住城镇特有的地域环境、文化特色、建筑风格等“基因”。推动历史文化和民族文化的保护传承，促进优秀传统文化创造性转化和创新性发展，形成新的经济增长点。依托历史遗迹、文化景观等，促进文化与旅游、商贸等深度融合。以民俗、民族、艺术创作、饮食养生等为重点，培育和保护文化品牌，鼓励推陈出新，提供优质的文化产品和文化服务。吸纳影视动漫、音像传媒、表演艺术、工艺设计、广告装潢、服装设计等方面的创意群体，增强文化创意产业发展能力。充分利用现代信息平台促进对外交流，加强宣传推介，提升文化创意产品的知名度、美誉度。

6. 科技教育型

依托学校、科研机构、高新技术产业园区等，支持创新资源较丰富、科教实力较雄厚的小（城）镇，加快科技孵化、技术研发、职业教育、学术交流等特色产业发展，营造大众创业、万众创新的良好环境，建成人才汇集、科教事业蓬勃发展的区域性创新创业基地。

加强信息、道路、物流等基础设施的建设，建设智慧小镇。在规划建设中明确产研区域、教育区域、生活区域等空间布局，配套图书馆、运动场地、医疗卫生等高品质生活服务设施，打造富有活力的城镇社区，积极推动镇域资源共享和后勤社会化，吸引高等院校、科研机构、双创企业等科技教育资源聚集。鼓励镇域内校企合作，建立人才交流培养机制，支持科技创新成果就地转化，实现产学研联动发展。积极建立完善以创业“苗圃”、创业“孵化器”、企业加速器为主的创业孵化体系。建立高校科技资源校地共享机制，开展多种形式的科技成果展示、交易、对接活动，促进科技成果交易方式的多样化和价格市场化。

4.1.2 发展模式

我国的特色小镇建设要实现在产业特色、功能特色上的突破，就要探索依托已有资源，开发适合的小镇发展新模式。

1. 腾笼换鸟型

对于产业低端低效、环境污染严重、发展难以持续的园区，通过对原有产业进行清理、淘汰，对原有建筑进行改造、再利用，重新规划区域内功能分布，完善配套设施，打造优美环境，引进新型、高端产业，腾笼换鸟、脱胎换骨，形成全新业态、全新形态的特色小镇。

2. 转型升级型

对于传统产业比重大、创新能力不足、企业竞争力弱的产业聚集区，通过企业整合、工艺流程再造和新技术应用，提高产品品质，扩大品牌影响力，实现产业层次和效益大幅提升；融入科技、文化、时尚等元素，拓展产品展示、消费体验等功能，延伸产业链条，发展关联衍生产业，实现“老中生新”，形成产业层次明显提高、发展活力和后劲明显增强的特色小镇。

3. 筑巢引凤型

依托区位优势、交通条件和发展空间，引进有实力的产业园区运营企业，进行区域整体规划，建设与产业发展相适应的研发、生产、物流设施，完善基础设施和生活服务功能，开展专业化精准招商，加速产业聚集，同步打造良好生态、生活空间，以良好的发展环境逐步建成特色小镇。

4. 骨干引领型

依托现有或引进大型骨干企业，充分发挥大企业带动力强、配套面广的优势，吸引更多的关联企业、配套企业入驻，通过以大带小、以商招商，扩大产业规模，推动要素聚集，由一家龙头企业逐步发展成一个特色小镇。

5. 挖掘拓展型

依托独特生态资源、文化资源，充分利用和拓展生态功能，挖掘历史典故和民间传说等资源，植入绿色、文化元素，使独特资源优势充分发挥，推动文旅、康养产业发展，努力拓展为特色小镇。

6. 链条整合型

对于有一定产业规模，但主导产业不明显的园区，科学确定发展方向，集中支持符合主导产业发展要求的企业入驻，引导关联性不强的企业有序腾退，推动同类和密切关联的企业聚集，构建上下游产品协作配套、研发生产销售一条龙发展的产业集群，逐步发展为特色小镇。

4.1.3 特色小（城）镇建设案例

特色小镇的概念在2014年杭州云栖小镇首次被提及，后2016年住房和城乡建设部等三部委力推，这种在块状经济和县域经济基础上发展而来的创新经济模式，是供给侧改革的重要实践。截至2018年上半年，全国两批特色小镇试点403个，加上各地方创建的省级特色小镇，数量超过2000多个。特色小镇已成为当下最炙手可热的风口之一。下面，我们筛选了几个知名特色小镇案例，借鉴其规划布局经验，进行归纳总结，为我国物流特色小（城）镇建设提供参考依据。

1. 云栖小镇

（1）小镇概况

云栖小镇是浙江省首批创建的37个特色小镇之一。小镇位于美丽幸福的首善之区杭州市西湖区，规划面积3.5km^2。按照浙江省委省政府关于特色小镇要产业、文化、旅游、社区功能四位一体，生产、生活、生态融合发展的要求，秉持“绿水青山就是金山银山”的发展理念，着力建设以云计算为核心，云计算大数据和智能硬件产业为产业特点的特色小镇。云栖小镇建设仅仅一年，发展非常迅速。2015年实现了涉云产值近30个亿，完成财政总收入2.1个亿，累计引进企业328家，其中涉云企业达到255家，产业已经覆盖云计算、大数据、互联网金融、移动互联网等各个领域。

（2）布局规划

云栖小镇对之江新城的整体功能结构进行重新梳理，最终形成：“一体两翼，三园两心”的总体结构（图4-3）。

一体：顺应山体与水体走向，依托贯通“山—城—江”自然轴线，串联起凤凰创意产业园、云计算产业园和之江文化产业园，构建之江新城的产业发展主体。

图 4-1　云栖小镇地理位置

图 4-2　云栖小镇一角

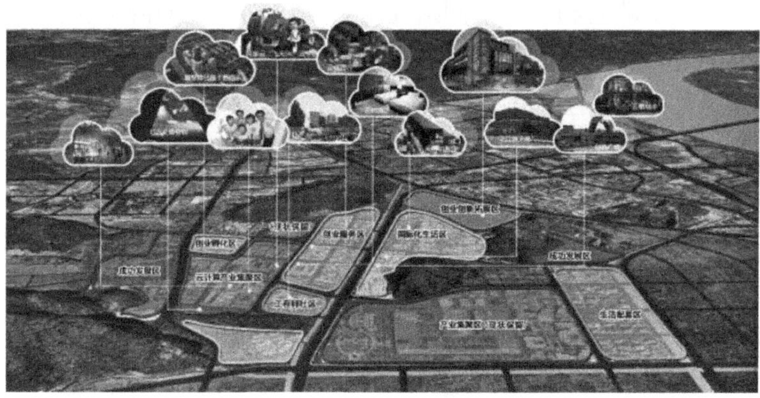

图 4-3　云栖小镇布局规划

两翼：之江新城以320国道为界，形成之江北生活片与之江南生活片，构建围绕产业发展主体的配套翼。

三园：是指位于主体之上的凤凰创意产业园、云计算产业园和之江文化产业园。

两心：是指位于两翼功能区内的转塘公共服务中心机双浦公共服务中心。

（3）主要特点

一是有一个小镇的灵魂人物。云栖小镇有一个名誉镇长叫王坚博士，他是阿里巴巴的首席技术官、阿里云的创始人、中国云计算领域的领军人物，也是云栖小镇主要创建者，正致力于把云栖小镇打造成中国未来创新的第一镇。

二是有一个高端的新兴产业。云栖小镇坚持发展以云计算为代表的信息经济产业，着力打造云生态，大力发展智能硬件产业。目前已经集聚了一大批云计算、大数据、APP开发、游戏和智能硬件领域的企业和团队。

三是有一个创新的运作模式。云栖小镇采用了“政府主导、民企引领、创业者为主体”的运作方式。政府主导就是通过腾笼换鸟、筑巢引凤打造产业空间，集聚产业要素、做优服务体系。民企引领就是充分发挥民企龙头引领作用，输出核心能力，打造中小微企业创新创业的基础设施，加快创新目标的实现。创业者为主体就是政府和民企共同搭建平台，以创业者的需求和发展为主体，构建产业生态圈。这是云栖小镇最有创新活力的部分。

四是有一个全新的产业生态，云栖小镇构建了“创新牧场—产业黑土—科技蓝天”的创新生态圈。“创新牧场”是凭借阿里巴巴的云服务能力、淘宝天猫的互联网营销资源和富士康的工业4.0制造能力，以及像Intel、中航工业、洛可可等大企业的核心能力，打造全国独一无二的创新服务基础设施。“产业黑土”是指运用大数据，以“互联网+”助推传统企业的互联网转型。“科技蓝天”是指创建一所国际一流民办研究型大学，就是西湖大学。

五是有一个世界级的云栖大会。云栖小镇创建了真正服务于草根创新创业的云栖大会，目前是全球规模最大的云计算以及 DT 时代技术分享盛会。“2015 年杭州云栖大会”吸引了来自全球 2 万多名开发者以及 20 多个国家、3000 多家企业参与。

2. 贵州旧州古镇

（1）小镇概况

旧州，地处黔中腹地，始建于 1351 年，距省会贵阳 80km，距安顺市区 37km，全镇总面积 116km^2，总人口 4.4 万人，少数民族人口占 38.1%，平均海拔 1356m，全年空气质量优良率为 100%。旧州镇生态良好、环境优美、文化丰富，是中国屯堡文化的发源地和聚集区之一，是全国第一批建制镇示范试点镇，中国历史文化名镇、全国文明村镇、全国美丽宜居小镇和国家 4A 级生态文化旅游小镇，被誉为“梦里小江南，西南第一州”（图 4–4）。

图 4–4　贵州旧州古镇

（2）主要做法

一是发挥生态和文化优势，建设绿色旅游小镇。坚持生态保护优先，先后完成了“土司衙门、古民居、古街道、古驿道”的修复修缮工作，培育了一个国家级湿地公园、一个 4A 级国家生态文化旅游景区、两个特色观光农业示范区。

二是探索就地就近城镇化路径，建设美丽幸福小镇。旧州按照国家“3 个 1 亿人”城镇化行动方案和省“5 个 100 工程”建设目标要求，率先探索实践城镇基础设施“8+X”项目建设模式，完善了交通运输、污水处理、垃圾清运等基础设施，优化了教育医疗、文化、体育、便民服务等公共服务设施。

三是按照国家新型城镇化试点要求，积极探索创新城镇化发展体制机制，围绕城乡发展一体化，投融资机制、公共服务、供给机制等试点要求，深化改革探索创新投融资模式，成立了镇级投融资平台，积极争取各方面投资资金。

四是加快省级示范小（城）镇建设，打造贵州小（城）镇省版的排头兵。在各级各部门的支持下，旧州抢抓发展机遇，在成功申报为全国历史文化名镇后，着力打造文化生态旅游古镇。

3. 唐山钨钢铁物流小镇

（1）小镇概况

唐山钨钢铁物流小镇位于河北唐山丰登坞镇，小镇以商贸、运输、铸钢、轧钢、钢木家具为主，全镇有镇村企业16个，私营企业33个，个体工商户达到1573个。项目以钢铁物流为特色，多元业态并举，致力于建成产城融合的新型城镇示范区。项目占地面积5000亩，总投资35亿元。项目片区距离唐山北站、唐山站和雅鸿桥站40km之内，区域内有京沈高速和津唐高速，未来片区将贯通丰津快速路与机场快速路。随着交通条件的改善，该小镇将直接对接唐山中心城。

（2）布局规划

小镇定位为以钢铁物流产业园为龙头，全面提升城镇配套服务功能，形成钢铁物流、总部商务、商贸展销、文化创意、生态农业五大核心产业集群，以产促城，以城促产，打造新兴的5E（宜业、宜居、宜养、宜智、宜人）新镇模式的特色钢铁物流小镇。项目共划分为三大功能板块：总部物流园、生态小（城）镇和农业观光园（图4–5）。

1）总部物流园

总部物流园以“电子商务、供应链管理”为特色，降低钢铁物流成本，打造精细物流示范区，建设项目包括国际钢铁资源配置中心、国际综合物流集散中心、国际钢铁产业总部基地，该区域划分为南区核心物流区及北区钢铁总部区（图 4–6）。

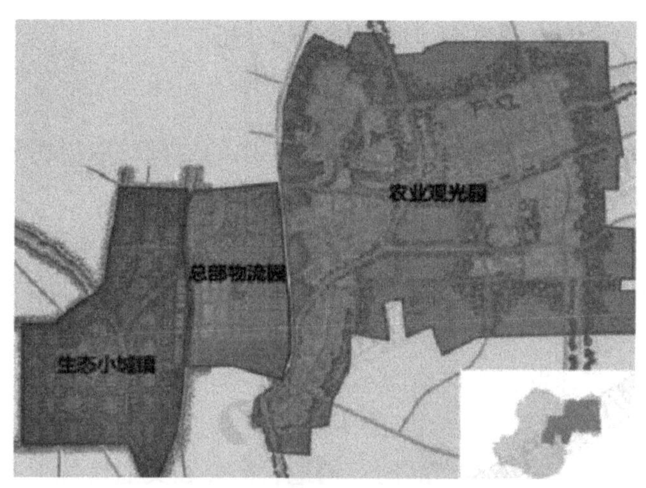

图 4–5　唐山钨钢铁物流小镇功能布局图

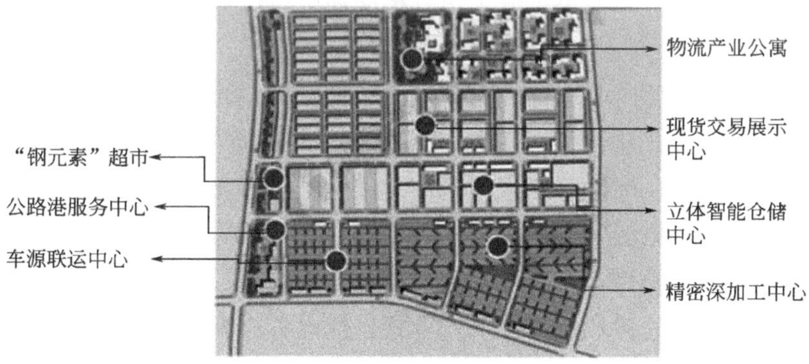

图 4–6　南区核心物流区规划布局

2）生态小（城）镇

生态小（城）镇强化“生态水系、服务配套”特色，满足不同人群生活需求，打造精致小（城）镇示范区，建设项目包括城镇商贸服务核心区、滨水活力休闲轴、生态宜居三大组团。

3）农业观光园

农业观光园突出“有机农业、休闲体验”特色，引领唐山有机生活方式，打造精粹农业示范区，建设项目包括有机农业生产、田园休闲养生、农业观光体验、冷链农产品物流。

4.1.4 国内特色小（城）镇经验分析

1. 经验总结

目前，我国第一批127个特色小镇的建设已取得明显成效，总结经验如下：

（1）根据自身资源禀赋，确定发展方向和独特属性

小镇应根据自身资源禀赋准确定位，突出独特性和稀有性。商贸文化旅游型需要小镇具备悠久的商贸文化，依托商贸文化进行文化旅游开发；原产地型小镇是某一类型产品的原产地，需要同时具备一定规模，在交通区位上有优势；集散地型小镇由于某种原因成为某一类型产品的运销地，需要在交通区位上有优势；交通节点型小镇交通区位优势明显，周边尚未出现某一类型产品的专业市场，需要小（城）镇发挥交通区位优势形成该类产品的专业市场。

（2）遵循产业培育规律，形成独具竞争力的产业生态圈

商贸文化旅游型小镇通过还原旧时的商贸场景，通过建筑、广场、雕塑、标识等元素体现商贸文化，进行文化旅游开发，同时整合周边旅游资源，完善旅游产业，形成旅游生态圈。原产地型整合某一类型产品的种植/生产，扩大规模，形成该类产品的专业市场，完善产销一体的产业链，同时扩大相关的产业服务功能，建设产城人文一体的特色小镇。集散地型整合某一类型产品运销的商户，扩大规模，形成该类产品的集散市场，通过引进技术或企业，可提供该类型产品的生产、加工区，形成该类型产品的产销一体的产业链，完善与产业相关的商务、现代服务、旅游功能。交通节点型依托交通区位优势，再根据自身资源特色，通过招商引资形成某类产品的专业市场，建立现代市场集群，形成商贸物流产业、现代服务业以及旅游等功能。

（3）坚持品牌化运营，做大做强物流产业链条

无论哪种类型的特色小镇开发，都必须立足于本，以市场化为原则，通过招商运营管理，形成市场口碑，扩大市场影响力和知名度，从而做大做强产业链，实现小镇的整体经济效益。如浙江的云栖小镇通过云栖大会来扩大市场影响力和知名度，而贵州旧州古镇则成功申报省级示范小（城）镇，打造贵州小（城）镇省版的排头兵。

（4）完善产业配套服务、加快推进产城融合

特色小镇的规划建设是完善产业配套服务、加快推进产城融合、吸引人才前来就业定居的好机会。应该借鉴美国中小城市规划经验，多方参加，可以探讨四方结合做规划，政府、企业主体、专业人员、相关群众参与。特色小镇的吸引力在于它在产业发展中积淀了很多文化、民俗因素，跟景观生态融合，逐渐形成一个异业宜居的环境。在发达国家，特色小镇大都有很深厚的文化根脉，因此，建设一个真正的特色小镇，从规划、建设运营，到功能完备，绝非三五年之功。特色小（城）镇建设不能只讲产业，还要建立科学合理的空间发展体系，科学确定城镇核心区域，构建绿色发展的空间管制、空间治理和空间考核体系，促进生产、生活、生态“三生”融合发展。

（5）注重产业功能叠合与溢出效应

特色小镇功能的叠合是寻求“1+1 > 2”的溢出效益，其主要包含三个方面的创新可能：一是以文化品牌战略强化特色小镇产业业态的独特性，将地域文化挖掘与产业业态培育形成融合与互促关系。二是在强调产业特色的同时，注重特色小镇三次产业的融合发展，包括从单一生产转向研发与孵化、从生活日常供给到有品质的生活服务的转变，都是吸引人才留在特色小镇的重要保障。三是获得不同类型产业的互补作用。

（6）关注空间建设品质，保育生态环境

在特色小镇的空间品质塑造过程中，有三个关键性因素：其一是空间尺度，尺度不大、氛围亲切的城镇环境有助于建立起彼此熟悉的社群，这样一种融合、亲密的邻里关系是特色小镇维持

持久吸引力的内在源泉；其二是生态保护与保育，亲近自然是人类的天性，更易于亲近自然是小（城）镇相比大城市的优势所在，在特色小镇建设中，应构建绿色发展体系。倡导绿色生活理念，推广清洁能源、绿色建筑和低碳交通，不断提升发展的绿色含量，将特色小镇打造成为绿色发展的排头兵。其三是文化特性的塑造，悠久的历史和文化底蕴、鲜明的文化特色是特色小镇对外宣传的重要名片，也是增加小镇居民归属感和凝聚力的精神地标。

（7）创新社会治理体制，提高管理效率

按照“小政府、大服务”模式，深化“放管服”改革，简化审批环节，降低行政干预。深入推进扩权强镇，赋予镇区 10 万人以上的特大镇县级管理职能和权限，强化事权、财权、人事权和用地指标等保障，推动具备条件的特大镇有序设市。充分发挥社会力量的作用，最大限度地激发市场主体活力和企业家创造力，鼓励企业、社会组织和市民参与城镇投资、建设、运营和管理。搭建社会治理平台，探索公众参与社会治理的新渠道。实行更加严格的环境治理制度，完善排污许可、环境影响评价、总量控制、排污权交易等制度体系，规范企业排污行为。加快形成产权明晰、符合市场规律、具备产业特征的特色小镇商业运营模式，地方政府通过制定一些优惠政策，鼓励有实力的企业承建和运营特色小镇。

2. 对我们的启示

特色小镇建设，不仅是下一步我国推进乡村振兴战略的重要手段，也是我国城镇化进程中，特别是特色城镇化进程中的重要组成部分。它不同于行政建制镇和一般意义上的产业园区，而是聚焦特色产业和新兴产业，集聚发展要素，包括了发展理念、经济技术、建设模式、城乡统筹、区域布局、生态社会等各个方面。这意味着特色小镇建设迫切需要对核心产业规划、特色文化定位、运营思维方向、长远生态保护等进行科学规划、系统安排，使之从设计到推进再到政策环境的保障等，都有统一明确的方向、系统周密的安排。因此我们初步总结出一个“产城融合”发展、特色小镇规划建设的基本逻辑与路径。

一是从依托特色资源到开发特色产品和服务，通过企业投入技术和资本，对资源开展加工和塑造，发展特色产品，把自身特色变为资源优势和生产力。

二是从特色产品到培育特色产业，实现新的跨越，形成集约化、集群化产业发展。

三是从特色产业到发展特色经济，以特色产业为支柱，带动经济社会发展，提升经济发展规模和水平，形成崭新的经济发展形态。

四是从特色经济到形成特色城镇，依托产业和经济特色优势，加强城市基础设施建设，配套社会公共服务，扩大就业，提升城镇化水平。这些成效的取得，都与在建设初期就尊重实际、目标明确、规划科学分不开。

4.2　国外物流特色小（城）镇（集聚区）建设案例

4.2.1　德国

德国在物流集聚区的规划阶段，通常是联邦政府负责统筹规划，一是园区选址、用地规模的统筹规划。首先在选址上统筹考虑综合枢纽规划、交通规划，考虑各种运输方式衔接的可能性；其次，对物流现状、既有的产业布局进行调研分析；最后，在全国范围内对物流集聚区的用地布局、规模进行合理规划。总之，是从上到下的规划布局方法。二是园区功能布局上，德国的物流集聚区通常要求制造业、商贸业、物流企业及银行保险机构入驻，并提供公平的优惠政策，实现资源集聚和货源的有效整合，从而保障物流集聚区的经济效益。

1. 莱比锡航空物流集群

（1）集群概况

位于德国东部的莱比锡市目前已经发展成为欧洲新兴的航空物流集群，是地处欧洲内陆欠发达地区的城市。但作为传统的贸易和文化中心，莱比锡地处连接欧洲东西、贯通南北的中心区位，是连接德国西部密集城市群与德国东部乃至东欧的重要节点。近年来在德国政府的大力支持下，德国东部经济迅速崛起，带动了莱比锡及其周边物流业的发展，不仅吸引了宝马等德国先进制造企业，也吸引了敦豪快递（DHL）、亚马逊等物流、商贸企业。围绕莱比锡机场、城市西部工业区，形成了 DHL 全球航空枢纽、亚马逊欧洲配送中心、宝马汽车物流园等一系列物流设施，极大地促进了莱比锡市物流业的加快发展。莱比锡市的综合运输体系也较为发达，多种运输方式之间已经形成联系紧密、高效合作的多式联运体系，特别是以机场为核心的空陆联运较为发达。莱比锡哈勒机场位于距离该市西北 18km 处，目前拥有三条跑道，可以同时起降多架飞机，而且是欧洲为数不多能够处理空客 A380 宽体飞机的机场。2003 年以后，随着新航站楼的启用，建于 1992 年的 C 航站楼正式关闭客运业务，被转换为邮政及货物运输终端，成为德国邮政子公司 DHL 的货运基地及枢纽机场。机场周边不仅高速公路网十分发达，而且自 2003 年以来，机场火车站已纳入德国铁路的干线铁路网中，与莱比锡火车站共同构成德国东部重要的铁路枢纽，成为自德国西部及欧洲南部进入柏林、德累斯顿以及波兰、捷克斯洛伐克等地重要通道。目前，包括 DHL、汉莎货运在内，莱比锡机场已有 24 家航空公司进驻，开通航线通达 17 个国家的 57 座机场，并提供了多条连接德国和欧洲主要城市的直航航线，成为欧洲重要和具竞争力的物流中心之一。

（2）莱比锡物流集群引擎——DHL 全球物流枢纽

莱比锡能够成为全球领先的航空物流枢纽和物流集群，与 DHL 在莱比锡机场建立起全球物流枢纽（Main Global Hub）有直接联系。DHL 是欧洲最大的物流快递企业，也是全球三大快递巨头之一。为适应全球化快速发展和欧洲高端制造业、高新技术产业快速发展对航空货运的需求，DHL 自 2008 年以来，将建立全球航空网络作为其最重要发展战略，并在德国莱比锡建立起首个全球物流枢纽，成为 DHL 全球航空物流运作的主枢纽和运营中心。截至 2014 年底，DHL 已经形成有三个全球物流枢纽（辛辛那提、莱比锡和香港）、18 个区域枢纽、服务站点遍布全球 220 个国家的全球航空服务网络。DHL 自有机队和租赁机队的规模已超过 200 架，每天约有 30 余架飞机从莱比锡飞往世界各地（图 4–7）。2014 年，DHL 的快递业务收入超过 124 亿欧元，航空货运业务收入超过 149 亿欧元。DHL 全球物流枢纽的入驻，不仅使莱比锡一跃成为全球最重要的航空物流枢纽，而且还带动了宝马汽车全球配件中心、亚马逊欧洲配送中心等一系列大型物流设施和企业总部进入莱比锡，进一步推动了莱比锡物流产业规模的扩大和集群化的快速发展。

图 4–7　DHL 莱比锡空运中转中心

从 2008 年运营的 48000m^2 的分拣中心发展成为世界上“最大，最现代化的 DHL 快递中心”，占地面积达 120 万 m^2。员工 5700 人，总投资额为 6.55 亿欧元。莱比锡哈勒机场的运营是 DHL Express 的三个全球枢纽之一。该中心每天处理 350000 架货物，平均每天工作 65 架飞机，飞往全球 50 多个目的地。DHL 位于莱比锡的飞机机队包括空中客车 A300-600 转机，五架空中客车 A330-200 飞机由公司自己的机械师在现场机库维护。

EAT Leipzig 首席执行官马库斯 · 奥托指出，天然气联合热能和发电占据了该场地的大部分能源需求，机库屋顶安装了 1000m^2 的太阳能电池以发电，节省了超过 3000t 二氧化碳排放量。

2. 不莱梅货运村

（1）概述

在德国基本上一个城市或经济区域只设立一家综合性的货运村，集聚效应明显。如德国最大的物流园区 1987 年初始运营时只有 5 家物流企业，如今已经集聚了 190 多家物流企业，并吸引了 50 多家生产型企业在周边进驻。园区就业人数多达 8000 人，占不莱梅市总人口的 1.6%。

不莱梅货运村作为不莱梅港口“延伸的手臂”，承担了港口大部分货物的集散。同时不莱梅货运村也定位为不莱梅市的专属物流功能区，承担着本地区物流集中投资、集约运营、集聚发展的职能（图 4-8）。

图 4-8　不莱梅物流港

主要包括如下功能：

1）多式联运功能

多式联运是德国物流园区最主要的一个功能。选址尽量处于公路、铁路、水路运输的交叉点上，以实现多种运输方式的有效衔接。依据不同运距及货类选择不同运输方式，短途以公路运输为主，长途以铁路为主，大宗则倾向于内河航运。园区内具备完善的能提供公共服务的联运、换装基础设施。杜伊斯堡联运码头除经营铁水联运、公铁联运外，还提供一种名为“移动的公路”业务，大货车直接上铁路运输，到中转站后大货车再上公路到最终目的地，以适应阿尔卑斯山区公路运输困难的状况。

2）集货和转运功能

德国物流园区还发挥着区域间物流节点和区域内分拨中心的作用，通过地区之间的转运和运输方式的转换，实现“园区到园区”之间的跨区域运输，提高了物流过程的组织效率。园区内普遍配置桥式集装箱和甩挂运输设施，转运系统高效便捷，成本优势明显。

3）城市物流功能

德国物流园区在规划时十分注重城市物流功能的定位，将配送系统和物流作业集中在物流园区集散，以降低城市交通总量，减少碳排放和噪声污染，并实现 24 小时作业，物流园区与城市之间通过小型货车实现物流配送。

4）公共服务功能

基本的公共服务包括场地出租、多式联运和转运节点、物流基础设施使用等，另外组织进驻洗车、加油、餐厅等服务站为物流企业提供配套服务。同时，物流园区非常注重园区内企业的协同合作，如组织进驻企业集中采购设备、燃油、保险等，组织进驻企业员工技能培训，以降低单位成本。

5）网络联盟功能

德国物流园区网络化特征明显。所有货运村都是 DGG（德国物流园区协会）的成员，各货运村在 DGG 的协调下统一标准、协同运作。德国前20大物流公司如DHL、德迅、辛克等均在各货运村投资，依托物流园区形成自身的网络。实力较弱的物流企业无力在各园区投资的组建联盟进驻物流园区，实行跨园区之间的业务协同。

除了配套某一产业的专业性物流园区外，德国的物流园区大多定位为综合性的，在有限的建设面积上实现物流功能多样化是其提高效率、降低成本的一个重要理念。

（2）特点

第一，以物流业务为核心推动物流产业集约化、规模化发展。

德国高度重视物流产业集群的发展，通过建设货运村，促进物流企业集聚，提高产业集约化和规模化水平。德国的货运村通常与周边交通干线连接，由统一的园区管理中心提供服务，吸引大量的物流企业和相关的贸易、制造业企业以及报关、维修、餐饮等配套服务企业进驻，为物流企业创造良好的运营环境。

第二，以联邦政府规划引导实现货运村的合理布局与有序发展。

德国政府高度重视物流业发展，将物流业与汽车制造、生物与基因技术等产业一同定位为国民经济的重要产业，从联邦政府、州政府，以及市政府都分别在制定本地区的物流发展规划。20世纪80年代初，联邦政府开始对全国物流园区建设进行统筹规划，通过对经济布局、物流现状进行调查，在规划物流园区时主要考虑以下因素：一是至少可以实现两种以上运输方式连接，特别是公路和铁路两种方式；二是选择交通枢纽中心地带，使物流园区网络与运输枢纽网络相适应；三是经济合理；四是符合环境保护与生态平衡的要求。

第三，实现多种运输方式无缝衔接为货运村发展提供必备的条件。

转运便捷、交通便利是德国政府明确货运村规划与选址的要求，货运村至少有两种相连接的运输方式，以达到运转便捷的目的，在货运村普遍建设两种以上运输方式连接和转运设施，形成公路、铁路、水路等运输资源有效整合的系统，实现铁路与港口码头及公路场站的无缝对接。此外，为了实现多式联运，除了公路和铁路运输方式外，有的还与内河港和航空港连接在一起。

4.2.2　美国芝加哥多式联运中心

1. 概况

美国 BNSF 公司是中西部铁路的量大主要运营商之一，号称全球最大的铁路多式联运经营人，拥有 4.3 万名雇员、7000 台铁路机车，依托其 5.2 万 km 的 I 级铁路网，布局建设了 30 多处多式联运站场设施。其中，芝加哥多式联运中心占地面积 3770 亩，自 2002 年 8 月开始运营，现已成为北美地区最大和最活跃的内陆公铁联运站之一（图 4–9）。该园区主要提供两种公铁联运服务：一是往返于西海岸各主要港口的国际集装箱多式联运服务；二是北美地区汽车铁路联运服务。园区内有多式联运专用轨道 5 条（总长 2.6km）、铁路机车位 440 个，汽车联运专用轨道 3 条、铁路机车位 108 个。

图 4–9　BNSF 芝加哥物流园区鸟瞰图

该项目中用于多式联运的停车场 6 个、面积达 971 亩，可停靠4800台挂车和堆存6000个集装箱，拥有进、出园区车道分别为16条、11条；集装箱装卸能力每月可达8万个（日均2666个），同时，园区还使用了自动门禁系统、集装箱自动识别和追踪系统、车辆和起重吊装设备GPS调度系统等先进信息管理技术，有效支撑了园区的装卸作业和交通运行的高效率。该园区紧临一个占地面积达7284亩的工业仓储基地，基地内拥有158万m^2的仓储建筑（包括沃尔玛在内的诸多商贸物流企业）和大量的运输、装卸、配送设施设备，彼此形成了相互支撑、互动发展的良好局面。

2. 特点

第一，规划多部门协调。规划主体在规划时要考虑现有运输设施的利用、多种运输设施间的衔接、土地的利用与发展、运输需求的预测及运输设施的经济社会影响等十几个方面的因素，并且强调联邦、州政府、地方政府以及大都市区域的规划组织之间的协调，甚至公众的参与，来提高运输规划的水平。

第二，海铁联运功能发达。美国具有海铁联运功能的多式联运中心主要分布于东西海岸港口之间，此类多式联运中心主要以集装箱作为标准装载单位，是美国国际多式联运不同运输方式转换的重要门户。例如，美国重要的集装箱港——洛杉矶港，3条贯通美国大陆的干线铁路在此交汇，在其主要集装箱码头都建有铁路线，集装箱在港区卸下后，通过铁路到达纽约的时间仅为5天。

第三，载运单位形式多样，技术先进。集装箱是美国公铁联运和海铁联运采取的主要运载单位，而美国公铁联运还具有半挂车等技术先进的载运单位。同时，美国的载运单位均具有标准化的特性，这也是美国多式联运中心运转效率较高的原因之一。

第四，经济上的优惠政策。为了吸引相关企业入驻，提高多式联运中心的吸引力，美国政府从经济上制定了相关的优惠政策，如圣安东尼奥市政府规定了入驻园区的企业可以在前10年不需缴纳财产税。

4.2.3　日本和平岛物流团地

日本建设物流团地历史较长，与德国物流集聚区的发展模式存在一定区别。在物流团地的规划阶段，主要是中央政府宏观调控，在国土交通省层面推动成立“综合物流制度”的会议制度，提出具体项目，并召开会议检查项目的进展情况。中央在制定物流团地发展规划时，综合配套市政规划，并在城市边缘及主干道附近，规划较大的地块作为物流团地用地。

1. 概况

在日本全国范围物流体系宏观规划中，将日本 1 道 1 都 2 府 43 县，按经济特性分为八大物流区域，进行区域间物流和区域内物流的分类，形成物流团地和全区域的物流网络，然后将区域间通过干线运输形成跨地区的物流系统，最后形成全国范围的物流体系，至今仍在完善中。

和平岛物流团地由东京流通株式会社（TRC）和东京仓库团地株式会社两大物流园区共同组成，划分为商业流通中心、仓库团地、公路货物集散中心三大功能区块（图 4-10、图 4-11）。

图 4-10　和平岛卫星图

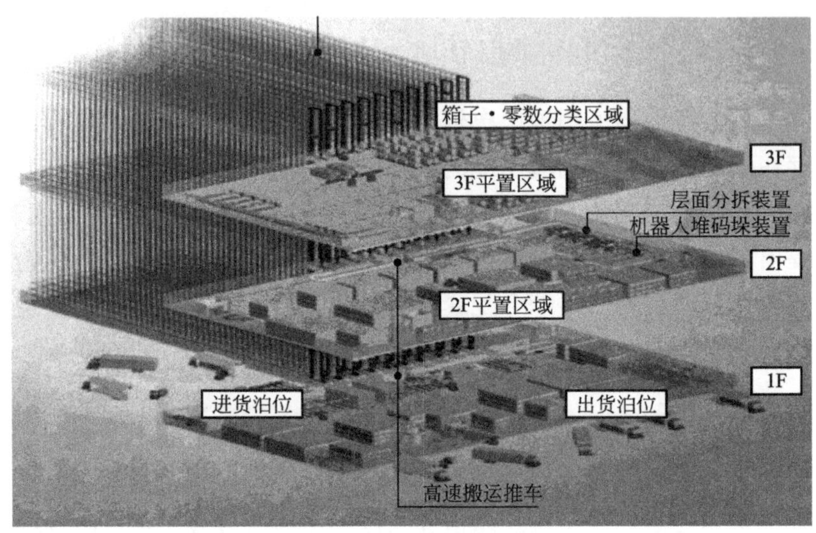

图 4-11　和平岛物流团地内部

团地内 30 多家仓储企业共同租用了 12.7 万 m^2 的仓库；40 多家运输企业共同租用了 8.6 万 m^2 的货运站台，开辟了 1000 多个运输到站，相互之间“调剂”十分方便。这样既能使现有物流设施得到充分利用，又能降低物流企业的运作成本，还能及时监督、检查，确保服务质量。

2. 特点

日本作为最早建设发展物流团地的国家，在物流团地建设中明显呈现出以下特点：

第一，政府主导推进，主要体现在政府对物流团地的宏观规划、引导和控制。日本政府在物流团地发展中的宏观政策推进主要表现在以下几个方面：营造物流团地发展的基础设施条件（交通基础设施、政策环境、管理组织机构等）、对全国物流团地进行统一规划引导、积极营造物流企业良好的发展环境、注重对物流人才的培养、大力发展推广信息技术的应用、对物流团地的建设给予资金支持、注重与行业协会组织的沟通与协作等。

第二，完善的物流管理体制，在宏观管理方面，通过相关省厅的合作，建立了“综合物流施策”推动会议制度，并针对相关部门的合作，提出具体课题。年内对每次会议进行逐次检讨，并检查实施进度，按实施能力进行增减具体课题的调整。在中观管理方面，设置地方综合物流施策推动会议，以贯彻实施物流推进政策和物流基础设施建设，并进行定期检讨公布和每月汇报，到年终总汇报。在微观运营管理方面，采用“官民协力”的方式，物流团地用地由政府收购后，以低价转让给物流协会或类似的中间团体，使这些中间团体组成管理委员会对物流团地进行经营管理和改造更新。

第三，对物流团地的定位明确，日本方面将物流团地定位为这样一种一体化、标准化的中心节点，它能够有效综合物流资源，可以实行物流现代化作业，以减少重复运输，实现设施共享，并明确了通过物流园区的高效作业，应该达到的整顿效果：首先通过物流团地对物流资源的整合，使货物的运输量规模化，有利于实现设施的大型化（车辆等运输、装卸工具），从而提高运送、装载的效率；二是通过在团地内推进装卸机械化，有利于降低装卸费用；三是通过实行共同运输，减少重复、交错运输，以达到有效使用运输工具，提高作业效率，降低能耗、减少社会道路占用面积等目的；四是能够建立一体化的运送体系，实现设施共享，达到生鲜食品、特种商品的运输现代化，以促进物价的稳定。

第四，充分发挥物流的“互补性”。日本用发展物流团地的做法把几十家物流企业集中在一起，充分发挥物流的“互补性”。以东京和平岛物流团地为例，日本在东京的东南西北部分分别建设了葛西、和平岛、板桥和足立四个现代化的流通基地。和平岛物流基地位于东京南部，建在填海造地的基础上，西靠东京湾港区码头，南邻羽田机场，附近有高速公路和城市环状公路，是东京的水、陆、空交通枢纽，整个物流基地占地 50 万 m^2（740 亩），耗资 572 亿日元，建造了 13.4 万 m^2 的流通性综合仓库、14.8 万 t 冷库、能停靠 433 辆送货卡车同时装卸作业的 22 万 m^2 公路货物集散中心和由 7 万 m^2 商务交易馆及 35 万 m^2 物流大楼组成的商业物流中心，商品年处理量达 700 万 t，对整个东京地区及全日本的商品流通，起着举足轻重的作用。

第五，对物流团地的规划建设合理。首先，日本政府从宏观上将物流系统的布局分为区域内、区域间和国际物流三种类型，并对三种类型的物流网络体系的布局依据、目的以及具备的条件作了详细的规划与说明。其次，根据对物流的分类，进行宏观上的物流规划。日本政府把全国分为八大物流团地并通过干线运输形成跨地区的物流系统，进而形成全国范围的物流体系。再次，建设方面由政府规划，并出让低价土地或由政府加以补助的形式，由物流团体组织投资，物流企业按专业共同使用。

4.2.4 国外经验借鉴

通过德国、美国、日本物流集聚区的发展特点总结，可得到以下几点经验，值得我国在物流特色小（城）镇规划中予以借鉴:

（1）中央政府应对物流集聚区的布局进行总体统筹和把控

从德国和日本中央政府负责物流集聚区的统筹规划可以看出，物流的集聚与全国的经济结构、产业布局、流通格局有很大关系。因此，物流特色小（城）镇的规划应提高站位，站在全国的宏观角度，整体统筹。政府可制定相关的物流集聚区或物流特色小（城）镇的宏观规划，进行全国整体布局和功能划片，从而提供源头指导。

（2）充分重视选址工作，科学考虑选址因素

德国对物流集聚区的选址工作特别重视，在选址方面主要考虑紧邻枢纽，与骨干网络的连接便利；充分重视多式联运，即更倾向于在有多种运输方式的地方选址，保障货物运输的可靠性；一般选址在交通枢纽所围合的中心地带；充分考虑劳动力、地价所带来的影响；充分考虑环境保护与生态平衡的要求。

物流集聚区能否实现预定的经济效益，并实现可持续发展，首先取决于其选址的科学性。考虑到我国特色物流小（城）镇的实际情况，选址应综合考虑经济适用性，与产业区的临近性，与

相关规划的统一性，交通的便利性、环境友好性，以及战略前瞻性，要从全局角度进行长远选址、规划，适度超前，高标准、高起点的规划，切不可盲目跟风，随意建设。

（3）科学设置物流特色小（城）镇的投资强度和物流强度，合理确定规模

为充分发挥物流集聚区的群聚效益和较高水平规模运作，应对园区的投资强度和物流强度提出要求，这就需要开展系统、全面的规划前期工作。如进行交通分析、用地功能分析、腹地物流需求分析、当地物流企业分析、效益分析，从而科学合理设置物流特色小（城）镇的强度和规模。这样做，一方面可以阻止唯面积论的圈地行为，避免泛房地产化；另一方面，借助科学的规模确定方法，为集约用地提供了指导，有利于推动物流特色小（城）镇从数量向质量转变。

（4）功能设置应充分依托地区特色，打造品牌效应

物流特色小（城）镇应在规划前期，首先明确特色类型以及自身功能定位。是自用还是定向使用；是陆路交通枢纽型还是产业聚集型；是功能提升类还是综合服务类；是依托自身资源优势建设原产地型还是依托交通优势建设交通枢纽型，抑或借助产业流通建设商贸流通型；一定要依据自身的特点而定。同时，考虑到与其他小（城）镇建设做区分，一定要打造自己的特色和品牌，至少在自身所属的较大区域内，打造独一无二的、特色的、有名的物流特色小镇，从而提升吸引力和竞争力，这样，也可以避免基础设施的重复建设，推动高质量、品牌后发展道路。

（5）功能区布局应注意与其他产业的融合，形成产业生态圈

物流小镇的发展建设一定要以产业为依托，以市场需求为基础。物流小镇作为是一个具有集聚性、关联性、规模性和整合性的整体，它的生命力在于以资源整合为手段，通过市场化运作，完善服务功能，吸引和集聚各种物流资源提供物流服务。把握物流市场需求的趋势、结构、规模和特点，是物流园区设立运营的重要基础和前提条件，离开了对物流需求的分析和把握，物流园

区的建设运营就失去了行动的方向和成功的保障。应根据自身资源特色，通过招商引资形成某类产品的专业市场，建立现代市场集群，形成商贸物流产业、现代服务业以及旅游等功能。

（6）规划中应关注空间建设品质，保育生态环境

在特色小镇的空间品质塑造过程中，有三个关键性因素：其一是空间尺度，尺度不大、氛围亲切的城镇环境有助于建立起彼此熟悉的社群，这样一种融合、亲密的邻里关系是特色小镇维持持久吸引力的内在源泉；其二是生态保护与保育，亲近自然是人类的天性，更易于亲近自然是小（城）镇相比大城市的优势所在，在特色小镇建设中，应构建绿色发展体系。倡导绿色生活理念，推广清洁能源、绿色建筑和低碳交通，不断提升发展的绿色含量，将特色小镇打造成为绿色发展的排头兵。其三是文化特性的塑造，悠久的历史和文化底蕴、鲜明的文化特色是特色小镇对外宣传的重要名片，也是增加小镇居民归属感和凝聚力的精神地标。

第5章　物流特色小（城）镇选址适宜性评价方法研究

在物流特色小（城）镇的规划建设中，首先要考虑的就是选址问题。然而从实际情况来看，部分小（城）镇缺乏科学的选址论证方法，不考虑当地实际，盲目跟风，这也使得小（城）镇的落地和发展更加举步维艰。当前，小（城）镇已经进入了高质量发展阶段，党的十九大提出了“乡村振兴战略”“交通强国战略”，并提出在现代供应链、绿色低碳、创新引领等领域培育新增长点，形成新动能。这为小（城）镇的发展指明了方向，也为小（城）镇的选址适宜性提供了新内涵。

5.1　物流特色小（城）镇选址应考虑的因素

选址要综合考虑地区的经济发展实力、交通状况以及地区的空间承载能力等，并不是所有地区都适合建设物流特色小（城）镇。选址应考虑以下因素：

（1）经济适用，要考虑建设成本、运营成本的大小。如考虑地价，应远离城市中心；还应选择临近城市主要产业、大型工商业的地方，即物流需求集中的地方。并且可以最大效用借助已有的物流基础设施，减少物流建设费用。

（2）符合城镇规划。必须与城镇的整体布局规划相统一，不影响城镇的用地功能和空间布局。

（3）交通便利。尽量靠近货物转运枢纽和交通主干道出入口，缩短运输距离，降低物流运输成本。

（4）环境友好。考虑到物流业务对生活的强干扰性，选址应尽量与生活区形成相对隔离，既能满足生活、工作的方便，又能将干扰减少到最小。

（5）战略前瞻性。要从全局角度进行长远规划，适度超前，高标准、高起点进行规划，同时所选地段的功能和规模，要为物流产业链的延长和拓展留有余地，为后期物流园区的发展创造条件。切不可盲目跟风，随意建设。

综上所述，物流特色小（城）镇选址可以总结为宏观、微观两个方面：

（1）从宏观方面分析，需要考虑所在地区的经济发展情况、区位条件、人力资源条件、交通条件及政策条件。在这些因素中，依托物流聚集的小（城）镇类型需要着重考虑基于交通优势和仓储运输设施的物流延伸形成聚集效应。除此之外，物流特色小镇需要具备足够的发展空间，与城镇建成区的空间关系以及城镇未来发展方向都会起到重要影响。最后需要考虑的是小镇的建成对周边环境产生的不利影响并将其降至最小化。

（2）从微观因素分析，首先需要具备足够支撑物流特色产业体系的基础（物流园区或大的物流分销节点等），其次要符合相应的总体规划和土地利用规划，具备建设发展所需的基础条件等。

5.2 物流特色小（城）镇选址适宜性评价指标的选取

5.2.1 评价指标选取的原则

一个良好的指标体系不仅包括现状与未来目标，内部与外部因素，需求端和供应端，还要注意定量指标与定性指标之间的均衡。本研究的思路是借助文献研究法、供应链理论、物流系统规划理论、可持续发展理论和产城融合理论，融入新时期物流特色小（城）镇的发展诉求，初步构建指标体系，然后借助专家打分法进行指标的筛选，最终确定指标体系。物流特色小（城）镇选址评价指标的选取要遵循如下原则：

（1）可量化、可持续：指标可以被定量检测出来，定性指标则要能够进行量化处理；指标要能够持续获得。

（2）因地制宜：指标要突出体现地方特色，针对不同类型、不同功能的小（城）镇，应预留调整的接口。

（3）体现新型城镇化内涵：指标要能体现新型城镇化背景下的城乡统筹、城乡一体、产业互动、节约集约、生态宜居、和谐发展。

（4）切合“物流”特点：指标的选取要充分考虑物流行业的特征和发展趋势；要考虑基于交通优势和仓储运输设施的物流延伸形成聚集效应；要体现足够的发展空间，未来小镇的建成能对周边物流业起到带头引导作用；要考虑对现有物流设施存量的利用，减少物流建设费用等。

本研究在考虑上述指标设置的同时，还加入了产业集聚的动因、产城融合、产业联动、绿色可持续以及供应链整合的因素，这也是该指标体系构建的创新之处。

5.2.2　指标初选

以指标选取原则为指导，首先从已有文献和各地城镇政府工作指标中提取了系列指标，结合相关理论进行了改进和拓展，形成了初步指标体系。接下来借助专家经验进行打分，筛选出以外部环境、经济和社会基础、基础设施分布、物流业发展情况和可持续发展能力为主框架，包含 13 个二级指标和 27 个三级指标的选址适宜性评价指标体系。指标选取的过程如图 5–1 所示。

根据已有文献分析，基本理论研究，结合新时代物流特色小（城）镇发展的诉求，拟从外部影响、经济与社会基础、基础设施分布、物流业发展情况和可持续发展能力几个方面入手，构建初始指标体系，见表 5–1。

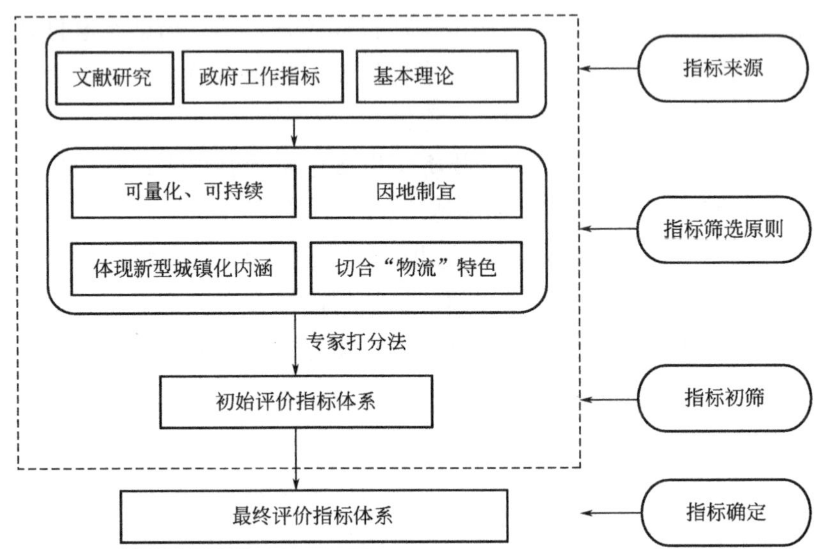

图 5-1　评价指标选取流程

物流特色小（城）镇选址适宜性评价——初始指标体系　　**表 5-1**

一级指标（5 个）	二级指标（13 个）	三级指标（28 个）	指标属性
外部环境	区位环境	与国家战略的匹配优势	定性
		与主要服务产业区的距离	定量
	政策环境	产业扶持政策	定性
		用地与金融政策	定性
		与上位规划的协调度	定性
	自然环境	地形和地质条件	定性
		气候适宜性	定性
经济与社会基础	腹地经济发展	GDP	定量
		GDP5 年平均增速	定量
		社会消费品零售总额	定量
	地区产业结构	第一、二产业占比	定性
		产业集聚度	定性
	人力资源	人口规模	定量
		劳动力占比	定量

续表

一级指标（5 个）	二级指标（13 个）	三级指标（28 个）	指标属性
基础设施分布	对外交通连接	到达主干道（邻近枢纽节点）的物流成本	定量
		多式联运衔接程度	定性
	内部交通组织	满足主要货车车型通行道路的比例	定量
		内部枢纽节点数量	定量
	公共服务设施	百公里内中学数量	定量
		百公里内医院数量	定量
物流业发展情况	物流需求侧	腹地货运量	定量
		腹地社会物流总额	定量
	物流供给侧	物流企业数量	定量
		第三方物流占比	定量
		物流产业政策支持	定性
可持续发展能力	空间发展的持续性	空间扩展和升级能力	定性
	生态承载力持续性	单位 GDP 能耗	定量
		物流业年碳排放量	定量

（1）外部因素——在这方面，小镇需要考虑的不仅是其自身存在的影响因素还需要考虑所处环境中的外在影响因子。这里主要包括区位、政策和环境三大联系最紧密的外部因素。

（2）经济与社会基础——这方面主要体现在选择目标所在地的经济发展状况和社会的稳定程度。这两个方面决定了物流生产力及其本身的发展情况等。

（3）基础设施分布——物流基础设施的分布具有相对集中或分散组织的特征，从满足这种物流组织需求的角度，物流基础设施可以分为两类。专业化设施包括物流园区、物流中心、配送中心，以便在特定区域实现供应链的集中管理功能。专业化设施包括运输枢纽、场站、仓储等设施。这些场、站等建设和选址需要遵从空间位置及在整个物流配送过程中时间上的把控。因此，该因素对于物流小镇的选址是很重要的。

（4）物流业发展情况——物流特色小镇的发展会依靠其自身物流企业和整个物流行业的发展状况。所以这个也是其选址要考虑的主要因素。

（5）可持续发展能力——这体现在物流特色小镇在选址及规划上做到自然、社会、经济、科技方面的整体统筹及各程序间的相互平衡，为后续的人们生产生活提供良好的资源环境。

5.2.3 最终指标体系的确定

确定初始评价指标体系后，需对指标的可信性和有效性进行分析。可信性是指标具有权威性，指标的内涵是清晰明确的，指标本身具有较高的可信度；有效性是指标能否全面、真实、完整地反映实际情况。

本文运用专家打分法对表 5-1 中的指标进行筛选，剔除专家认为没必要的指标，增加大部分专家比较认可的指标，以确保指标体系的科学性。本研究邀请了 15 位供应链管理、小（城）镇规划、物流管理等相关领域的专家、学者和企业人员，向他们介绍本研究的目的和评价思路，然后请他们对预选指标进行筛选。具体步骤如下：

（1）集中与各位专家讨论供应链整合的相关内容，对供应链整合的框架及要素形成一致的观点，并详细分析和讨论各预选指标的涵义，对各项指标代表的涵义形成共识。

（2）每个专家根据自己的研究和理解对预选指标的重要程度进行打分。采用 5 分制，1 分代表特别不重要，2 分代表不重要，3 分代表一般重要，4 分代表重要，5 分代表特别重要。

（3）统计专家打分结果。如果针对某一个指标，60% 以上的专家打分为 1，或者 90% 以上的专家打分为 2，则删除该指标，并形成一个新的指标体系。

（4）继续对新的指标体系进行验证，直到对剩余指标没有太大异议。

（5）对新的指标体系进行讨论，分析指标的完整性和全面性，如果发现某个指标无法被全面表征，则添加一些新指标，然后继续新的一轮打分、筛选，直到最终得到每一个专家认可。

最终，通过专家的讨论，删除了二级指标“公共服务设施”，认为公共服务设施可以根据小（城）镇的吸引能力陆续建设，而没必要作为前期选址的约束条件；删除二级指标“腹地经济发展”下的 GDP 指标，保留 GDP 5 年平均增速指标，给欠发达地区留有一定余地，更重视未来的发展潜力；将二级指标“地区产业结构”中的“产业集聚度”指标具体为由“EG 指数”来表征，从而将定性指标变成定量指标；把二级指标“自然环境”下的“地形和地质条件”和“气候适宜性”合并为“地理条件”，这样可以将所有影响物流的地理因素纳入进来，然后补充了一个“资源与建设类型的匹配度”，从而将小（城）镇的特色定位与资源的匹配情况纳入评价范畴，有利于指导地方发挥特色优势，因地制宜；将二级指标“生态承载力持续性”下的“单位 GDP 能耗”改成“物流业单位产值能耗”，将聚焦点放到物流这个主导产业上来。最终形成的指标体系见表 5-2。

物流特色小（城）镇选址适宜性评价
——最终指标体系 **表 5-2**

一级指标（5 个）	二级指标（12 个）	三级指标（25 个）	指标属性
外部环境	区位环境	与国家战略的匹配优势	定性
		与主要服务产业区的距离	定量
	政策环境	产业扶持政策	定性
		用地与金融政策	定性
		与上位规划的协调度	定性
	自然环境	地理条件	定性
		资源与建设类型的匹配度	定性
经济与社会基础	腹地经济发展	GDP 5 年平均增速	定量
		社会消费品零售总额	定量

续表

一级指标（5个）	二级指标（12个）	三级指标（25个）	指标属性
经济与社会基础	地区产业结构	第一、二产业占比	定性
		EG指数（描述产业集聚程度）	定量
	人力资源	人口规模	定量
		劳动力占比	定量
基础设施分布	对外交通连接	到达主干道（邻近枢纽节点）的物流成本	定量
		多式联运衔接程度	定性
	内部交通组织	满足主要货车车型通行道路的比例	定量
		内部枢纽节点数量	定量
物流业发展情况	物流需求侧	腹地货运量	定量
		腹地社会物流总额	定量
	物流供给侧	物流企业数量	定量
		第三方物流占比	定量
		物流产业政策支持	定性
可持续发展能力	空间发展的持续性	空间扩展和升级能力	定性
	生态承载力持续性	物流业单位产值能耗	定量
		物流业年碳排放量	定量

5.3 指标内涵

5.3.1 外部环境

1．区位环境——是指促使区位地理特性、功能的形成、变化的原因或条件，这些原因和条件又被称为区位因子。区位因素主要对农业、工业（商业和服务业）和交通运输业产生各种制约。分别为农业区位因素、工业区位因素和交通区位因素。

（1）与国家战略的匹配优势——在地理位置上，呼应国家重大战略的能力。如区位上是否处于京津冀、长江经济带及一带一路等国家战略覆盖范围；是否与东部沿海开放、西部大开发、振兴东北老工业基地、中部崛起“四大板块”等区域战略的呼应程度。

（2）与主要服务产业区的距离——结合物流特色小（城）镇中所服务的主要产业，测算小（城）镇与主要产业区的距离，该指标越大则表明距离越远，提供物流服务越不方便。

2．政策环境——指决定或影响政策制定和实施的自然条件和社会条件的总和。包括公共政策系统以外的一切与之相关的因素。狭义指影响公共政策产生、存在和发展的一切自然因素和社会因素的总和。政策环境因素都具有复杂性、多样性、差异性、动态性的特征。

（1）产业扶持政策——特色小（城）镇所在地方政府对发展物流产业及物流重点服务产业的支撑力度，包括判断土地优惠政策、金融和税收优惠、政府补贴等是否积极，政策的可持续性是否稳定。

（2）用地与金融政策——小镇选址地的良好用地及金融政策可以帮助物流小镇的建设与发展。在用地方面能节约土地成本，金融的政策能帮助小镇得到更好的资金支持。

（3）与上位规划的协调度——在空间结构、用地性质、发展目标等方面与所在地城市定位、城市发展规划、土地利用规划、水土保持规划等方面的匹配协调程度。

3．自然环境——自然因素包括地理位置、区位形状、地形、地貌、地质、地壳运动、太阳辐射、气候、水体、生物、土壤等。

（1）地形和地质条件——对建设物流小镇工程建筑有影响的地形及地质因素，主要包括地形地貌、地层岩性、地质构造、地震、水文地质、天然建筑材料以及岩溶、滑坡、崩坍、砂土液化、地基变形等不良物理地质现象。该部分分析和解决主要的物流工程地质问题；选择地质条件优良的地点；提出保证建筑物的稳定性和正常使用的地基处理措施等。另外，还包括气候适宜性，物流服务对定点定期、准时到达具有严格的要求，因此物流特色小（城）镇的建设，需要适宜的气候条件。

（2）资源与建设类型的匹配度。物流特色小（城）镇有多种类型和发展模式，根据新型城镇化内涵以及物流业高质量发展的要求，希望实现当地特色，而非简单复制，希望实现当地资源的科学开发和利用，希望带动当地就业和经济发展，实现就地城镇化，因此，各地应结合当地实际，积极思考，探索有地方特色的发展模式。该指标的设置正是为了体现当地资源与建设类型的匹配程度。

5.3.2 经济与社会基础

1．腹地经济发展——经济腹地是一个与经济中心或中心城市相对应的概念。其内涵是经济中心的吸收和辐射能力能够达到并能促进其经济发展的地域范围。

（1）GDP 5 年平均增速——所选择区域 5 年 GDP 平均增速值。

（2）社会零售品消费总额——是指企业（单位）通过交易售给个人、社会集团，非生产、非经营用的实物商品金额，以及提供餐饮服务所取得的收入金额。这部分是物流小镇所能产生和进行商贸的收入金额。

2．地区产业结构——一般指一个地区直接或间接生产物质资料的部门之间的关系。

（1）第一、二产业占比——这主要体现在选址地的产业结构分布状况。它的变化会导致农业、轻工业、重工业和建筑业等部门之间关系的变化，对物流的特色小镇的人们居住、生活与工作都有重大影响，对物流业的发展也有影响。

（2）EG 指数（产业链完整程度）——EG 指数是为了解决空间基尼指数的失真，结合赫芬达尔（H），由 Elilsion & Glaeser 提出的新的测量产业集聚程度的集聚指数。其优势在于充分考虑了行业规模和区域间差异对指标的影响。提供了指标间的可比性，便于进行跨行业、跨地区比较产业的集聚程度。考虑到数据获取的可得性，还需要对该指数进行相应的改进。

3. 人力资源——指发展经济和社会事业所需要的具有必要劳动能力的人口。必要劳动能力，是指智力与体力的有机结合。

（1）人口规模——是在城市地理学研究及城市规划编制工作中所指的一个城镇人口数量的多少（或大小）。这里主要是了解物流特色小镇目标选址地的人口数量的大小。

（2）劳动力占比——劳动力就是从事增加商品价值的有用的能力。其中，劳动年龄的人口占比的不同会影响生产力的大小。劳动人口的比重下降会导致劳动力的成本上升，这会限制劳动密集型的产业占比逐步下降，不利于制造业的发展。进而会限制物流链中供应方数量的减少。进而影响物流业的发展，不利于小镇建设。

5.3.3　基础设施分布

1. 对外交通连接——物流小镇本身与其范围以外地区之间的交通，是城市存在和发展的必要条件。主要采用铁路、公路、水运和空运等运输方式。物流小镇对外交通运输设施在城市中的布置，对城市发展和规划布局有重要影响。

（1）到达主干道（邻近枢纽节点）的物流成本——这需要采取适当的成本计算方法来进行计算分析。通过一系列物流费用分析与分配，计算到达主干道（邻近枢纽节点）的物流总成本，进而帮助小镇中的物流公司做到运输成本最小化，扩大利润值，进而吸引更多物流公司进入小镇。

（2）多式联运衔接程度——这部分主要是在于选址地作为物流多式联运中转点的作用体现。其衔接程度的高低直接影响所在地物流企业的物流连接度及配送货时间的长短。

2. 内部交通组织——主要是物流小镇内部解决交通费问题所采取的各种软措施，这包括大规模道路建设项目（如新建、改扩建道路及交通枢纽）以外的各种措施。需要在选址的小镇中合理地进行交通组织的布局。

（1）满足主要货车车型通行道路的比例——由于特色小镇类型归属于商贸物流类，其中的道路交通作为主要的部分承担的作用比重增加，所以货车通行道路比例需要增加。

（2）内部枢纽节点数量——这些枢纽节点包括物流特色小镇内进行物资中转、集散和储运的节点，例如港口、空港、货车货运站、公路枢纽、大型公共仓库及现代物流（配送）中心、物流园区等数量。

5.3.4 物流业发展情况

1. 物流需求侧——就是物流的需求方面，相对于供给侧，它受到生产力、生产资源分布、生产制造过程、消费分布、运输仓储布局等因素的影响。所以这要求选址时考虑物流需求方面，即所处市场环境、消费水平及人口分布。

（1）腹地货运量——货运量的大小与腹地的物流需求有重大关系，因此在物流特色小镇选址时需要考虑这个因素。

（2）腹地社会物流总额——这里指所选物流特色小镇的社会物流的总额包括六个方面：农产品物流总额、工业品物流总额、进口货物物流总额、外省市调入物品物流总额、再生资源物流总额、单位与居民物品物流总额。

2. 物流供给侧——就是物流的供给方面，相对于需求侧，是指在一定时期内社会能够向市场提供运输、储存、装卸搬运、流通加工、包装及物流信息等有效物流服务的能力或资源。

（1）物流企业数量——指目标特色小镇的物流企业数量和所属物流行业的发展情况。

（2）第三方物流占比——这方面主要衡量小镇内的三方物流

公司占总体物流公司内的比重，物流服务的本质是通过降低物流成本创造“第三利润源”。他们通过将众多分散货物集中，运用信息技术系统处理大量的物流信息，统筹安排优化配送路线，有效降低车辆空载率。所以他们占比高会帮助物流特色小镇的规模经济效益递增显著增加。

（3）物流产业政策支持——这方面体现在是否有关于物流特色小 镇物流活动或各种物流资源的相关政策支持。

5.3.5　可持续发展能力

1. 空间发展的持续性——这需要就物流特色小镇的可持续发展方向、战略及资源的有效配置进行合理的统筹及规划。进而帮助物流特色小镇的利益相关者获取更多的盈利和发展方向。

空间扩展和升级能力——这方面主要是指物流特色小镇的未来发展及产业升级的预测及规划的能力。

2. 生态承载力持续性——主要包括物流特色小镇的生态系统的自我维持和自我调节能力，以及资源和环境子系统的供容能力，这些能力为其生态承载能力的支撑部分，他们的大小能帮助物流特色小镇维持社会经济规模和具有一定生活水平的人口数量。

（1）物流业单位产值能耗——是指物流业单位产值所消耗的所有能源量的综合，是反映物流业能源消费水平和节能降耗状况的主要指标。该指标说明了一个小（城）镇在物流业发展中，对绿色低碳理念的关注程度，对绿色科技创新成果的应用情况，绿色管理效率的提升情况。

（2）物流业年碳排放量——是指一年内，小（城）镇的物流活动所导致的碳排放量，是反映物流活动对周围环境的影响程度和节能降耗状况的主要指标。该指标说明了一个小（城）镇在物流业发展中，对绿色低碳理念的关注程度，对绿色科技创新成果的应用情况，绿色管理效率的提升情况。

5.4 基于 AHP 和 Fuzzy 的选址适宜性评价模型

5.4.1 基于 AHP-Fuzzy 法的评价流程

本文所研究的物流特色小镇选址适宜性问题是一个系统工程，影响因素较多且复杂，其通用解法是根据已经构建的选址适宜性评价指标体系，选取适宜的综合因素评价法进行科学测算。AHP-fuzzy 法，即将层次分析法与模糊综合评价法结合起来，不仅能够体现评价因素和评价过程的模糊性，还能减少个人主观臆断带来的弊端，是一种能有效解决本文所研究的选址问题的方法。因此，本文将模糊层次综合评价法作为本次选址研究的评价方法。

AHP-fuzzy 法的具体步骤为：建立选址的评价指标体系，将各指标按照隶属关系分为目标层、准则层和方案层；运用层次分析法对各评价因素的权重进行计算，确定目标层、准则层的权重集；采用专家打分的方法对定性指标进行定量化描述，确定各评价指标相对评价等级的隶属度；应用模糊综合评判进行方案的综合比选；对评价结果进行反模糊化计算，得到各选址的优劣排序，评价流程如图 5-2 所示。

5.4.2 评价系统的开发

为了更加快捷的对物流小镇选址适宜性进行评价，我们开发了一个物流特色小（城）镇选址适宜性评价系统。该系统省去了计算的过程，将量化后的评价指标直接输入系统就可得到最终的评价结果，可为物流特色小（城）镇立项选址、建设后评价提供判定依据，也可将评价结果作为项目招商引资的参考。系统分为指标体系子系统、权重设置子系统和综合计算模型三个部分。权重设置子系统是基于 AHP 方法设定，综合计算模型则是借助模糊数学方法构建。该系统一级、二级指标可以普遍应用于全国的物流特色小（城）镇选址适宜性评价，当出现特殊情况时，可以对三级指标进行微调。系统运行界面如图 5-3 所示。

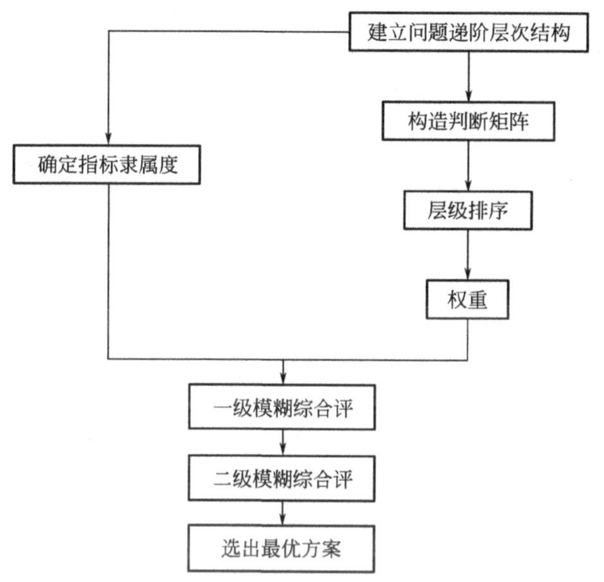

图 5-2　AHP-fuzzy 法的评价流程

物流特色小(城)镇选址适宜性评价系统

外部环境	区位环境	与国家战略的匹配优势	
		与主要服务产业区的距离	
	政策环境	产业扶持政策	
		用地与金融政策	
		与上位规划的协调度	
	自然环境	地形和地质条件	
		气候适宜性	
		资源与建设类型的匹配度	
经济与社会基础	腹地经济发展	GDP	
		GDP5 年平均增速	
		社会消费品零售总额	
	地区产业结构	第一、第二产业占比	
		EQ 指数（描述产业聚集程度）	
		人口规模	

图 5-3　物流特色小（城）镇选址适宜性评价系统运行界面

5.4.3　算例验证

为了对上述评价系统的实用性进行验证，选取 A 小（城）镇作为评价对象。

5.4.3.1　AHP 法确定指标权重

1. 建立各层次两两比较判断矩阵

两两比较判断矩阵表示针对上一层次某元素而言，本层次与之有关的各因素之间的相对重要性，一般为由企业、政府、高校、协会、咨询公司等相关行政企事业单位的行业精英所组成的专家组，根据 1 ~ 9 指数标度法的判断准则，采用德尔菲法对同层次元素之间进行两两比较，来确定判断矩阵的元素值 a_{ij}。如针对物流特色小（城）镇选址适宜性评价 U，外部环境 U_1，经济与社会基础 U_2，基础设施分布 U_3，物流业发展情况 U_4，可持续发展能力 U_5 这 5 个因素构成的判断矩阵可见表 5–3。

U 判断矩阵　　表 5-3

U	U_1	U_2	U_3	U_4	U_5
U_1	1	3	1	3	6
U_2	1/3	1	1/3	1	2
U_3	1	3	1	3	6
U_4	1/3	1	1/3	1	2
U_5	1/6	1/2	1/6	1/2	1

2. 层次单排序

用合积法或方根法计算判断矩阵的权重，并进行归一化处理，得到各因素权重，然后对判断矩阵进行一致性检验，若一致性指标 $CR \leqslant 0.1$，说明所构建的判断矩阵是可行的，由判断矩阵计算所得到因素权重是可行的。以 U 下的五个指标为例，计算相对应的权重和一致性指标见表 5–4。

U 权重和一致性指标　　表 5-4

相对权重	（0.353，0.118，0.353，0.118，0.059）
最大特征值 λ_{max}	5
一致性指标 CR	0

通过以上两步，可以构建 A 物流特色小（城）镇选址适宜性评价指标体系的权重，见表 5-5。

评价指标权重分布　　表 5-5

<table>
<tr><th colspan="2">一级指标</th><th colspan="2">二级指标</th><th colspan="2">三级指标</th></tr>
<tr><th>指标</th><th>权重</th><th>指标</th><th>权重</th><th>指标</th><th>权重</th></tr>
<tr><td rowspan="8">U_1</td><td rowspan="8">0.353</td><td rowspan="2">U_{11}</td><td rowspan="2">0.403</td><td>U_{111}</td><td>0.333</td></tr>
<tr><td>U_{112}</td><td>0.667</td></tr>
<tr><td rowspan="3">U_{12}</td><td rowspan="3">0.294</td><td>U_{121}</td><td>0.361</td></tr>
<tr><td>U_{122}</td><td>0.368</td></tr>
<tr><td>U_{123}</td><td>0.271</td></tr>
<tr><td rowspan="3">U_{13}</td><td rowspan="3">0.303</td><td>U_{131}</td><td>0.361</td></tr>
<tr><td>U_{132}</td><td>0.362</td></tr>
<tr><td>U_{133}</td><td>0.277</td></tr>
<tr><td rowspan="7">U_2</td><td rowspan="7">0.118</td><td rowspan="3">U_{21}</td><td rowspan="3">0.652</td><td>U_{211}</td><td>0.342</td></tr>
<tr><td>U_{212}</td><td>0.348</td></tr>
<tr><td>U_{213}</td><td>0.310</td></tr>
<tr><td rowspan="2">U_{22}</td><td rowspan="2">0.207</td><td>U_{221}</td><td>0.750</td></tr>
<tr><td>U_{222}</td><td>0.250</td></tr>
<tr><td rowspan="2">U_{23}</td><td rowspan="2">0.141</td><td>U_{231}</td><td>0.333</td></tr>
<tr><td>U_{232}</td><td>0.667</td></tr>
<tr><td rowspan="5">U_3</td><td rowspan="5">0.353</td><td rowspan="2">U_{31}</td><td rowspan="2">0.637</td><td>U_{311}</td><td>0.667</td></tr>
<tr><td>U_{312}</td><td>0.333</td></tr>
<tr><td rowspan="2">U_{32}</td><td rowspan="2">0.105</td><td>U_{321}</td><td>0.500</td></tr>
<tr><td>U_{322}</td><td>0.500</td></tr>
<tr><td>U_{33}</td><td>0.208</td><td>U_{331}</td><td>1.000</td></tr>
<tr><td rowspan="4">U_4</td><td rowspan="4">0.118</td><td rowspan="2">U_{41}</td><td rowspan="2">0.667</td><td>U_{411}</td><td>0.750</td></tr>
<tr><td>U_{412}</td><td>0.250</td></tr>
<tr><td rowspan="2">U_{42}</td><td rowspan="2">0.333</td><td>U_{421}</td><td>0.667</td></tr>
<tr><td>U_{422}</td><td>0.333</td></tr>
</table>

续表

一级指标		二级指标		三级指标	
指标	权重	指标	权重	指标	权重
U_5	0.059	U_{51}	0.500	U_{511}	1.000
		U_{52}	0.500	U_{521}	0.500
				U_{522}	0.500

注：经一致性检验，一致性系数均符合要求。

5.4.3.2　物流特色小（城）镇选址适宜性综合评价

1．评价指标隶属度的确定

首先要确定评判集。设评价因素所有可能出现的评语有 m 个，则评判集可用 $V=\{v_1, v_2, \cdots, v_m\}$ 表示。本次研究用 $V=$（很好，好，一般，差）来表示各级指标从好到差的评价结果。

在确定评价指标隶属度时，专家对各评价指标进行打分，然后对所得分数进行汇总和模糊化处理，得到各个因素对于各等级的隶属度，从而得到模糊关系矩阵。本次研究由 10 位专家对各项指标进行打分，以区位环境的两个下级指标为例，打分情况可见表 5-6。

专家打分表　　**表 5-6**

指标		很好	好	一般	差
U_{12}	U_{111}	6	3	1	0
	U_{112}	8	2	0	0

2．多层次模糊综合评价

对 U_{ij} 的 p 个因素进行模糊综合评价，从 U_{ij} 到 V 的模糊关系用模糊矩阵 R_{ij} 来描述

$$R_{ij}=\begin{bmatrix} r_{11}, & r_{12}, & r_{13}, & r_{14} \\ r_{21}, & r_{22}, & r_{23}, & r_{24} \\ & \vdots & & \\ r_{p1}, & r_{p2}, & r_{p3}, & r_{p4} \end{bmatrix} \tag{5-1}$$

式中 r_{k1}、r_{k2}、r_{k3}、r_{k4} 分别表示指标 U_{ijk} 对很好、好、一般、差四个等级的隶属度。

利用模糊矩阵合成运算得到 U_{ij} 的综合评价结果 $B_{ij}=A_{ij}\cdot R_{ij}=$（$b_{ij1}$，$b_{ij2}$，$b_{ij3}$，$b_{ij4}$）即可作为 U_i 中第 j 个指标对 V 的隶属度向量。以二级指标 U_{11} 为例，综合评价的计算为：

$$B_{11}=(0.333,\ 0.667)\cdot\begin{bmatrix}3/5 & 3/10 & 1/10 & 0\\ 4/5 & 1/5 & 0 & 0\end{bmatrix}$$

$$=(0.733,\ 0.233,\ 0.034,\ 0)$$

同理，通过分层模糊计算，最终可以求得 A 物流特色小（城）镇的综合评价结果 $B=(0.624,0.291,0.036,0.030)$，按照最大隶属度原则可知，该评价结果为很好。

5.4.3.3　结论

从实地踏勘和现场座谈的情况来看，A 镇位于所处城市半小时交通圈内，区位优势明显，交通资源丰富；依托汽车零部件产业发展物流业，物流基础设施较为完备。而且该镇的自身发展规划中，也有“围绕物流、商贸、旅游三大重点产业，进一步拓宽三产领域，完善现代服务业体系”，以及“打造集物流商贸、商品展示为一体的综合服务型物流园区”的发展意向。可见，系统的评价结果与实际情况相对应，证明我们的评价体系是科学、可行的。

5.5　小结

（1）以现有的选址方法理论为基础，建立了一套可量化可持续、因地制宜、体现新型城镇化内涵、切合“物流”的特点的物流特色小（城）镇选址适宜性评价体系。

（2）以 AHP-fuzzy 评价法为基础，开发了一套物流特色小（城）镇选址适宜性评价系统，在输入量化后的指标之后可以快捷的得到选址适宜性的评价结果。

（3）以A镇作为案例使用评价系统，结果表明该系统具有科学性、可靠性和可操作性，可以将其应用到其他物流小（城）镇的选址评价上。

第 6 章　物流特色小（城）镇功能区布局规划方法研究

通过前面对物流特色小（城）镇的选址适宜性评价，小（城）镇的布局规划基本进入了微观层面，即对物流特色小（城）镇进行内部功能的空间规划与设计，明确内部空间的组织结构及状态。理论上讲，一个全面的小（城）镇规划应包括小（城）镇的功能构成、空间形态与用地布局、产业发展与布局、公共设施、道路交通、生态环境、文化与风貌、市政公用设施、环境综合整治及防灾设施等方面的内容，但考虑到小（城）镇的物流特色，我们将以物流系统为主、生活功能为辅进行功能布局规划，即根据城镇发展规模、发展目标的不同，在分析基础设施建设情况、用地布局规划、发展方向的基础上，对城镇的物流生产基础设施建设（枢纽节点、货物配载点、装卸点、其他配套设施）、生活基础设施、运输通道（路径）、相关产业集聚区等进行科学规划。

6.1　物流特色小（城）镇布局规划总体策略

6.1.1　物流特色小（城）镇布局总体思路

物流特色小（城）镇不同于物流园区或物流集聚区，它还包括了其他产业园、城镇交通、商业圈、居民社区、休闲与娱乐功能，这使得物流特色小（城）镇的布局规划更加复杂。

1. 总体布局规划原则

物流特色小（城）镇的总体布局应遵循下列原则：

（1）与城镇总体规划相协调原则。物流特色小（城）镇中的物流功能尤其是大型物流基础设施的规划属于政府行为，是城镇规划的组成部分。物流基础设施的规划应以城镇的总体规划和布局为依据，顺应城镇产业结构调整和空间布局的变化需要，与城镇功能定位和远景发展目标相协调。

（2）与区域社会经济发展相适应的原则。新型城镇化讲究与区域的协调发展，小（城）镇所处的大城市的发展将使其在区域内形成较大的商流和物流，成为周边区域商品集散的中心，并且由于区域经济相互关联的内在原因，小（城）镇从周边地区与城镇所获取的能量加以转换后必然会反向释放，因此，物流基础设施的规划应与整个区域的经济远景发展目标相适应。

（3）与市场需求相适应原则。市场需求的层次和结构直接决定了物流特色小（城）镇的功能、规模和产业分布。物流特色小（城）镇的规划首先要明确市场的覆盖范围，其次要摸清市场的层次和结构，最后需要结合数据、既有经验综合预测未来需求，既实事求是，也要考虑区域一体化发展趋势下的小（城）镇市场发展，规划要有一定的前瞻性。

（4）与产业布局相适应的原则。一般情况下，对于物流上游产业来说，对小（城）镇有一定污染、用地规模较大、货运量大的企业（工业或制造业、商贸业）分布在城镇边缘地带，而对于用地规模较小、货运量不大、生产的产品与小（城）镇关系密切的企业（工业或制造业、商贸业）则分布在小（城）镇内或居住区内，这两类企业对于物流需求层次的不同，客观上就要求有不同规模和不同类型的物流基础设施进行相应地配套分布。

（5）发挥自身优势，整合现有资源原则。由于小（城）镇现代物流业发展所需要的高水平物流设施不可能一步到位，因此，在城镇物流系统规划时必须充分注意利用和重新整合现有资源，如已有的货运站场和联运枢纽等，合理规划物流基础设施的新建、改建和与现有物流服务相关的企业功能，以期最大限度地发挥物流服务的系统效能。

（6）绿色 + 经济的原则。要充分利用自然资源及条件，合理安排各项用地，布局相对集中，力求紧凑完整、保护耕地，保护保护自然生态。

（7）因地制宜 + 弹性原则。一方面，布局突出小（城）镇个性及特色，并且有利生产、方便生活、合理安排居民住宅、乡镇工业及城镇公共服务设施的功能融合；另一方面，要合理组织功能分区，处理好近期建设与远期发展关系，留有弹性和发展余地。

2. 总体空间布局

“空间布局”是塑造小镇特色主题和功能定位的空间组织手段，目的是实现小镇建筑形态“精而美”要求。在空间布局整个过程中，可考虑遵循“风貌控制、功能组合、场地拟合、形体设计”四个步骤来实施。其中：

（1）立足特色主题，针对小镇的历史文化传统和未来主导发展的物流方向，筛选、提炼并确定相适宜的建筑风格、环境风貌，作为空间布局的设计导则。

（2）立足各项功能定位，进行功能空间形式的细分，并按照复合集约利用的导向，将其中可整合、叠加、聚集的功能空间类型进行归类并设置，采用复合型建设方式，以期达到资源利用效益的最大化。例如，农产品物流功能区，除了开展农产品交易、运输、仓储等物流服务外，可以结合新农村建设及乡村振兴战略，结合农业休闲旅游、度假等功能拓展，开发旅游资源，保护了生态、拓展了产业功能。

（3）立足场地环境特点，围绕场地自然环境与开发现状，布置各类功能空间，构建内外交通联系便捷，功能区块呼应紧密的功能布局总平方案。例如，充分利用假山、湖泊、轨道及景观大道等，将物流作业区与生活、商务区进行分割，科学设计货运车辆通行道路及线路，尽量避免客货混行，并减少交通拥堵的机率。

（4）在以上3个步骤基础上，按照小镇风貌控制要求，落实总体性的概念设计方案和重要节点的意向效果，塑造完整、连续、有辨识性的小镇形态风貌。

6.1.2 建设用地策略

1. 国家层面用地保障政策规定

关于特色小镇用地政策（包含物流特色小镇）的空间，国家层面在《国务院关于深入推进新型城镇化建设的若干意见》（国发［2016］8号）中，第六条对“完善土地利用机制”给出了解决特色小镇用地问题的四个方向：

（1）规范推进城乡建设用地增减挂钩。从城乡建设用地增减挂钩所获得的用地指标是特色小镇用地来源之一。（2）建立城镇低效用地再开发激励机制。允许存量土地使用权人在不违反法律法规、符合相关规划的前提下，按照有关规定经批准后对土地进行再开发。这是提高原有用地效率的方式。（3）因地制宜推进低丘缓坡地开发。这种方式可新增用地。（4）完善土地经营权和宅基地使用权流转机制。这里面含有两块，一块是流转，取得一定年限的使用权；另一块是农民有偿自愿退出，退出后减少的乡村用地指标可以通过第一种方式转化为增加的城市建设用地指标。

2. 地方层面用地保障政策探索

在特色小镇实际推进过程中，不仅用地指标有限，土地权属也相当复杂。我国土地主要分为农用地、建设用地和未利用地。从土地权属的角度来看，分为国有土地和集体土地。由于特色小镇主要以产业为核心形成的产城融合小镇，因此其土地用途可分为住宅用地、产业用地、商业用地、公共服务用地及其他用地。不同用途土地获取方式也不尽相同，根据实际产业、居住需求特色小镇可采取以下几种土地征用创新模式和策略。

（1）争取政策——因地制宜，积极使用本省市关于特色小镇的土地政策。很多省市对于特色小镇都会优先安排用地指标，同时还配有奖惩用地指标。如浙江对如期完成年度规划目标任务的，省里按实际使用指标的 50% 给予配套奖励，其中信息经济、环保、高端装备制造等产业类特色小镇按 60% 给予配套奖励；对 3 年内未达到规划目标任务的，加倍倒扣省奖励的用地指标。因此在打造特色小镇的前期需认真研究这些奖惩措施和相关政策，做到有的放矢。另外，很多省市地方探索城乡用地增减挂钩和集体土地流转和租赁。如湖北省 2017 年起单列下达每个特色小（城）镇 500 亩增减挂钩指标；内蒙古自治区鼓励农村牧区集体经济组织和农牧民以土地入股，集体建设用地使用权转让、租赁等方式有序地进行农家乐、牧家乐、家庭旅馆、农庄旅游等旅游开发项目试点。这些政策措施将极大地促进土地供应和使用效率。

（2）捆绑出让——探索住宅、产业用地捆绑出让。佛山市南海区作为我国集体用地改革的试验区，在很多途径实施上都可为特色小镇拿地提供借鉴。南海区探索实施的“混合功能出让”的新供地方式，连片的工业区、村集体工业园区可在规划的引领下，允许部分土地在符合环保要求、安全生产要求下，探索商住混合工业的用地功能。即通过住宅用地与产业用地捆绑拿地的方式，来获取住宅用地。产业用地与住宅用地比例可根据具体情况而定，一般可按配比为 5 ∶ 5 或者 6 ∶ 4 来平衡拿地。

（3）代建补偿——探索产业用地的代建补偿手段。产业用地可采用出租、出让相结合的方式获得。其中，出让部分的补偿的方式，根据相关政策，可采取货币补偿、物业补偿、货币补偿与物业补偿相结合的形式，实现出让收益补偿、回购物业、代建物业等多种方式。村集体获得代建物业后，再返租给园区运营商，可再获物业租金收益。企业通过出租，可降低资金压力；通过出让可获得物业产权，可出售、可抵押；通过物业补偿的方式，可缓解一次性支付出让金的资金压力；对于农民来说，可获得土地出租收益；获得具有升值空间的补偿物业；同时也能获得物业返租的收益。根据权属不同，也可采取作价入股的方式。作价入股主要是与村集体合作，成立合作开发公司，风险共担，降低前期资金需求；其缺点则是增加项目决策制约以及股东之间协调的工作。

（4）多方合作——对于使用权在私营业主一方，可探索多方合作的土地转让创新。对土地使用权在私营业主方的多方合作模式探索，政府通过土地项目差别化工地的政策和地区产业规划，与开发运营方、私营企业主进行合作商谈。私营业主允许土地进行产业升级改造，并以改造后的部分面积作为商住面积赠予改造方，开发运营方根据与私营业主和政府规定进行物业分配和产业运营。政府可根据项目投资落地成本、投资进度、生产经营等，逐年给予支持；同时鼓励私企业主以土地使用权作价入股的方式参与，降低产业用地成本。

3. 特色小镇土地政策的变化趋势

与传统工业园区不同的是，特色小镇将从土地财政向税收财政进行转变，从土地资源买卖向创新资源流动进行转变。因此，在前期进行特色小镇策划、规划中就要明晰小镇建设及产业未来的盈利模式和特性，只有明白未来的盈利模式，怎么持续盈利，才知道当下应该以怎样的土地模式进行开发、合作。

6.1.3 产城融合策略

1. 产业布局的影响要素

产业布局的主要影响要素总结为科技要素、成本要素、服务要素、特色资源要素、生态资源要素等 5 种类型。

（1）科技要素。当今科技革命推动的知识产业以科学技术群落形式体现在多个领域。起主导作用的不是单项科学技术，而是新能源、新材料、信息、生物、海洋、环境等众多科学技术“交叉、融合”组成的科技群落，它几乎囊括所有学科、产业。孕育这些科技群落的载体称之为科技要素，具体如大学、实验室、研究院所等为产业发展提供科学及技术创新动力的要素类型。科技要素导向型产业是以创新为核心动力的行业门类及环节，如高新技术产业、战略新兴产业研发、中试、孵化等。

（2）服务要素。服务要素是指专业化人力资本和知识资本高度集聚的空间要素。服务要素导向型产业是以服务供给质量与便利程度为核心竞争力的产业，需要接近目标市场、快速了解顾客偏好及竞争者信息。传统服务主要面向普通终端消费者，但伴随生产性服务业从制造业中的分离与专业化发展，以人力资本和知识资本为主要投入的商务服务成为服务要素导向型的增长重点。此外，也有部分产业同时需要考虑服务与成本双重要素，如文化创意产业。

（3）成本要素。成本要素是指影响企业成本的地租与人力等要素。成本要素导向产业是以价格优势为核心竞争力的产业。例如制造业生产环节及服务业的数据存储、客户呼叫等环节。

（4）特色资源要素。特色资源要素是指城市中特色化、稀缺性的要素。如机场、港口类“交通资源”要素、海关特殊监管区类的“政策资源”要素等。“交通资源”导向型产业如专业物流与商贸会展。“政策资源”导向型产业如保税物流、服务外包等。

（5）生态资源要素。生态资源要素是指自然生态环境要素。由于城市中生态要素日益稀缺，生态资源要素导向型产业分类不仅考虑产业布局需求、更要考察产业环境友好程度，是能够对生态要素进行保护性开发的产业类型，如生态农业、观光农业等产业。

2. 产城融合指导下的功能区差异分析

以上要素在城市空间中并非均质分布，如能依据要素类型与多寡识别城市空间类型、各类空间能容纳的具有相似要素需求的产业，就能在布局方案中有效匹配产业需求与空间供给，对特定产业而言增加了空间供给针对性，对空间而言，则提供了产业选择弹性。根据上述原则，以用地性质及社会阶层为划分依据的城市空间结构基础，结合产业布局影响要素，可将城镇功能区按照产业属性划分为“中心区、过渡区、产业园区、特色资源区、生态保护区”5 类。以上 5 类分区是构成城镇整体空间的基本要素。产业布局规划须通过与城镇规划管控手段的对接协同，保障5类分区紧密分工、高效合作，以城促产，以产带城。不同类型产业分区在产业增长方向与趋势上存在差异，对城镇功能会产生不同影响；而城镇为实现整体功能优化的目标，对功能分区也会提出不同要求。因此，识别分区影响差异是实现产城融合发展的基础。

（1）中心区的产业对城市的作用为“引领高端、城市强核”。中心区普遍是城市退二进三、提升服务业发展水平的重点区域，中心区产业应强调高端综合服务功能的集聚与混合，引领城市参与区域中心体系竞争。

（2）过渡区的产业对城市的作用为“融合发展、城市提质”。过渡区普遍是城市早期二产集聚区。伴随城市规模扩张，区位改善、土地升值，面临产业调整。然而由于退二进三动力不如中心区强劲，许多过渡区面临房产项目大批上马，就业岗位快速流失的窘境。因此。研究认为过渡区应当对工改居的规模与速度进行调控，鼓励与居住功能相协调的产业如文化创意、互联网等发展，使产业与生活、服务功能高度融合，打造宜居宜业的品质空间。

（3）特色资源区的产业对城市的作用为“强化优势、塑造特色”。特色资源区是城市深度挖掘并利用特色资源、培育产业核心竞争力、彰显城市特色的重点区域。

（4）产业园区的产业对城市的作用为“产城互动、城市固边”。作为第一二产业集聚区，目前诸多产业园区存在产业独大、与城市功能割裂的现象。伴随产业升级，产业对城市服务的要求日益提高。因此，研究认为产业同区应加强与周边城市功能衔接、倡导产业与社区互动，促进产业链条延伸、基础设施共享、人才信息交流及社会服务参与，形成科技型开放式企业城区，将城市边缘地区转变为辐射周边城市的增长极。

（5）生态保护区的产业对城市的作用为“生态保育、城市安全”。生态保护区是城市维护区域生态安全格局，促进城市生态功能改善的主要区域。因此应严格控制区内产业类型，保障生态保护、保育功能的发挥。

6.2　物流特色小（城）镇物流系统规划内容

6.2.1　小（城）镇物流系统的特性分析

1. 大中城市物流系统存在的特点

目前，一方面大城市受到发展地域和地价的限制，对土地的集约利用非常重视，因此，科学构建预测模型、合理预测货运需求，从而较精准地配置物流场地及规模是重要研究内容；第二，城市物流系统受到交通拥堵的影响，对城市内部道路的通行能力比较关注，因此，除了重视通道规划外，还重视交通组织方式研究；第三，由于大城市的环境污染问题比较严重，城市物流系统的环境规划也是值得重视的一个环节。

综上所述，大城市的物流系统布局规划，主要目标可总结为：满足货运需求、考虑降低货运延时、提高货运效率、分离货运交通流、减小对市内交通影响、降低环境污染、减少拥堵、促进现代物流业的发展等。因此在大城市物流系统研究中，既包括了节点、通道等基础设施的规划，又充分重视货运环境规划、交通管理措施规划，同时还与城市土地利用规划、城市用地布局等充分协调，且一般都是在既有的货运发展基础上进行规划。

2. 小（城）镇物流系统存在的特点

相比大中城市，小（城）镇物流系统存在以下几个方面的特性：（1）货运需求量相比大城市而言较低；（2）物流发展程度较低；（3）货运节点和信息系统建设与经济发展不同步；（4）货运节点和信息系统建设的滞后造成货运点分布仍然较散，物流集聚效应难体现，货运成本增高，难以满足社会经济发展的需要；（5）货运节点、货运通道的建设需要加强；（6）交通基础设施建设滞后，数量较少，分布欠合理。基于以上特点，小（城）镇物流系统在布局规划的关注点上，也体现出与大中城市的差异。

小（城）镇物流系统规划的起步阶段主要目标为：在有限的规模中，协调好客流和货流的关系，延缓拥堵的发生，防止城镇规划自由化的发生、加强小（城）镇货运基础设施的建设、污染问题的预防、控制货车数量等，同时将物流的发展纳入产业发展规划，促进物流业的科学健康发展。相对而言，可规划的自由度较高，要注重前瞻性预防一些问题的发生。

6.2.2 物流特色小（城）镇物流系统布局需考虑的因素

1. 在货运需求预测方面

由于中小城市货运需求量远远小于大城市，并且货运需求增长相对于大城市而言较规律，因此在货运需求调查和预测时选用的方法与大城市不同，可选用计算过程相对简单的回归分析法、平均增长率法等。

2. 在内部枢纽节点选址上

不同于大城市具有较完善的物流系统，小（城）镇在节点选址时受到的存量制约较少，规划灵活性较大，可以充分发挥前瞻性，将产业融合、现代供应链、绿色环保等科学理念充分考虑在内。

3. 外部交通协同

小（城）镇能够发展，往往需要借助自身资源或区位优势。尤其是以物流为主导产业的小（城）镇，区位优势及交通便利是必不可少的条件。与相邻城市交通的联通情况，直接决定了物流产业的发展空间和潜力。因此，在功能区布局中，除了内部物流枢纽节点的选取外，应充分重视外部交通连接枢纽的布局和规模。

4. 考虑加设货车专业通道

小（城）镇交通基础设施一般不是特别完善，行人、机动车、非机动车的交通组织往往自由穿行、对交通规则的履行比较散漫，尤其是以物流业为主导产业的小（城）镇，货车数量显著增多，如不关注货车与其他车辆的关系，将容易发生安全事故隐患。因此，对于流通强度特别大的通道（如昼夜过境货运交通量＞2000 辆），有条件的小（城）镇可以考虑增设货车专用通道，暂时无条件的可先通过交通管制手段予以维护，而在新建道路时预留专用通道。

6.2.3　物流特色小（城）镇物流系统布局规划的内容

小（城）镇物流系统的规划就是要根据城镇发展规模的不同，在分析基础设施建设情况、用地布局规划、产业发展方向以及城镇发展战略和目标的基础上，对物流功能节点（如货运节点、货运配载和装卸点）、物流通道（运输和配送车辆的运行路径）以及城镇交通管理措施等方面进行近远期规划，最大限度减小货运对城镇交通造成的影响，提高货运效率，降低环境污染。

（1）城镇物流节点布局规划。物流节点承担着城镇货运功能，因此物流节点可等同于货运节点进行规划。主要包括对内和对外两部分，对内包含了货运配送中及镇内货运装卸点，对外货运节点包含了货运枢纽和中转货运站等，需要指出的是，货运节点包含了各种运输方式的运输节点，而不仅仅只是单一的道路运输节点。

（2）物流通道布局规划。是社会经济发展的重要支撑条件之一。随着各种运输方式的发展，运输通道也在不断发展，对社会经济的作用也日益复杂。货运通道是运输通道的重要组成部分，由铁路、公路、航空、水运、管道等多种运输方式的多条线路、枢纽及附属设备组成，承担着区域内和区域间大量的货运任务，在社会经济中起着举足轻重的作用。小（城）镇的货运通道规划应该与目前的交通规划和用地规划相协调，与大城市不同，小（城）镇综合运输通道建设尚未形成网络，因此在进行小（城）镇货运通道方案规划时，应考虑路网布局的便捷化，减少货物运送时的迂回，从而降低运输成本。

6.3 基于SLP方法的物流特色小（城）镇功能布局

在物流特色小（城）镇中，物流系统规划是城镇规划大系统中的一个子系统。由于物流特色小（城）镇以物流及其相关产业为主导产业，物流功能比较集中，对交通配套设施以及外围交通衔接要求较高，因此，以物流系统为主，相关产业为辅，结合小（城）镇地形条件、用地规模和物流强度，科学、合理布局生产和生活功能区，打造和谐的物流小（城）镇体系是相当有必要的。

6.3.1 物流特色小（城）镇应具备的功能

物流特色小（城）镇是城镇居民生活和生产的集合体，在功能区分块时既要考虑到城镇的功能，也要在满足基本城镇功能时保证物流功能的正常运行。大体上物流特色小（城）镇的功能区可以分为生活区和生产区两大类。

1. 物流特色小（城）镇生活区

物流特色小（城）镇的生活区要履行的是城镇的生活功能，要满足居民生活、餐饮、购物、教学和医疗等日常需求。在对小（城）镇进行总体布局时，应在研究各类用地的特点、要求及其相互之间内在联系的基础上，对城镇各组成部分进行统一安排和统筹布局，合理组织全镇的生产、生活，使他们各得其所并保持有机的联系。在传统城镇的布局中，可分为居民区、商业区和办公区三大类。考虑到物流小镇的特色职能，我们在居民区中加入了特色体验区这一功能区。

（1）居民区

城镇是居民的定居地，为居民创造良好的居住环境。城镇居民区不仅要满足居民的居住要求，还要有学校、医院等配套功能，满足居民受教育和医疗的基本需求。在主要建筑的周围还应搭配公园、绿植、健身器材等公共设施，提升居民的居住质量。

（2）商业区

在满足居民基本生活需求后，要考虑居民的休闲、消费需求。商业区是指由商业街和商业小区组成的地域，是零售商业聚集，交易频繁的地区。商业区不仅要满足居民购物、餐饮等需求，也能够促进居民消费，对小（城）镇的经济起到拉动作用。由于商贸区建筑聚集，人群拥挤，在规划的时候要考虑到停车场、交通等配套的公共设施。

（3）办公区

办公区要履行城镇的行政职能，由于办公区占地较少，可以考虑与商贸区相邻设计或合并，以节省用地。

（4）特色体验区

特色体验区是每个特色小（城）镇的展览窗口，物流特色小（城）镇一般是结合当地的特色产业来发展，对于农业物流小镇，特色体验区可以是农产品采摘园、生鲜加工区；对于制造业物流小镇，特色体验区可以是制造加工现场。特色体验区是小镇对外的一个窗口，目的是让人们更好记住小镇的特点并配合物流业发展，要起到名片宣传的作用。

2. 物流小（城）镇生产区

物流小（城）镇生产区主要履行的是物流集聚的功能，要满足园区内的生产加工、存储、货运配送和综合服务等功能，还要为物流与附近相关产业的融合发展提供基础条件。在布局规划时不仅要科学合理，保证小镇内的物流生产活动正常进行，还要经济、高效，既满足近期建设需要，又为城镇长远发展留有余地。因此，物流小（城）镇生产区功能一般分为货运枢纽区、仓储区、配送区、生产加工区、展示交易区、综合服务区、车辆停放区等。

（1）货运枢纽区

货运枢纽区是物流小（城）镇各种货车往来、集结、到发的节点，是物流系统的重要组成部分，是实现物流功能、组织各类物流服务和活动的重要场所。对于不同类型的物流小镇，货运枢纽区有着不同的形式。如对于以铁路运输为主要运输方式的小镇，货运枢纽一般是站场；对于以水路运输为主要运输方式的小镇，货运枢纽是港湾或者码头。在进行小（城）镇物流系统规划时，可将已有的货运节点纳入物流系统节点的规划范围内。

货运枢纽要想发挥作用，必然离不开运输通道。运输通道是城镇内部及进出城镇的各类运输方式的总称，一般包括公路、铁路、航空、航道等，其中公路又可分为城镇内部道路和城镇对外、过境道路。物流节点和通道形成物流网络，城镇物流系统发展的方向即为物流网络化。

（2）仓储区

仓储区的职能是对进入物流小（城）镇或物流小（城）镇加工完毕的货物进行储存、保管，一般物流小（城）镇都具有相应的储存货物区域，也会有专门保管货物的货架，但是每个物流中心的货物流转速度不一样，存储功能区的大小也不同。它保证了物流活动的开展，具有支撑作用。仓储区除了平面仓库、立体仓库、露天堆场等仓储功能为主的仓储设施外，还包括配套的搬运设施设备、分拣设备、包装设备等，如全自动化搬运机器人、自动分拣系统、打包机、叉车、货架等。

（3）配送区

配送区是将取货、集货、包装、仓库、装卸、分货、配货、加工、信息服务、送货等多种功能融为一体的物流据点，也称配送中心。配送区是物流功能较为完善的节点，服务辐射范围内的城镇居民，一般分布在城镇边缘地带且靠近货运枢纽和车辆停放区。

（4）加工生产区

由于大部分物流小（城）镇是依托农产品或制造业而兴起，以加工、生产、贸易为主要模式，因此，加工生产区是其不可缺少的部分。如农产品特色物流小（城）镇，在农产品采集之后需对其进行必要的加工或包装才能运输。加工生产区的主要任务是对产品进行必要的生产、加工、包装工作，以提升产品的价值。

（5）展示交易区

展示交易区是为物流商品提供直接展示的场所，方便顾客了解商品信息、用途等，并提供直接购买的服务。它方便顾客更加直接的与商品接触，是物流小镇对外展示的平台，也是各种业务顺利开展、合同签订的基本保障。

（6）综合服务区

综合服务区的主要功能是针对物流业务、产业协同提供系统管理和解决方案，包括信息处理功能、交易支付、金融、保险、税收等功能，一般是物流中心管理部门及相关人员办公的地方。一般综合服务区是独立的办公建筑，但考虑到综合服务区和物流小（城）镇的生活功能融合，可以把综合服务区的办公地点和生活区的商贸、办公等功能结合在一起。

综合服务区是物流系统管理平台的物理体现，其整合物流硬件和软件，利用计算机来对城镇物流系统进行管理，主体为城镇管理者，客体一般为货车、道路。如以电话、互联网络等通信设施组成的通信网络，包括信息中心、程控交换机、微波中继站等。

（7）车辆停放区

物流小（城）镇的日常生产伴随着大量货车、装卸车辆的活动，如果没有合理的车辆停放规划将会降低物流小（城）镇的生产、生活效率，因此要在功能区布局中加入车辆停放区。车辆停放区要考虑与配套交通系统相结合，在空间上要靠近配送区和仓储区，以减少车辆运送和工作的路程。除此之外，与车辆运输相关的各类加油站、维修站，也是物流生产系统的主要组成部分。

6.3.2　SLP 法在物流特色小（城）镇布局规划中的适用性

1961 年，美国人理查德·缪瑟（Richard Muther）提出系统布置设计方法，即著名的 Systematic Layout Planning，简称为 SLP。SLP 法主要以图表为辅助，通过非物流关系和物流关系分析，从而得到物流最小费用，并以此求得合理的规划布置。SLP

方法通过实践已经被证明是一种行之有效的工具，对区域布局规划具有显著的指导和引导作用，已被企业和学术界广泛研究和应用。

SLP 法开始主要在工厂设计领域应用较多。RichardMuther 发布系统布置设计后，才将这种设计应用到产品、产量以及辅助服务部门、生产路线和生产时间安排等方面。目前，SLP 法在物流园区、货运枢纽等方面的应用已经比较成熟，基本原理即将物流园区、货运枢纽等看成一个物流生产的工厂，将物流活动涉及的物流对象 P、物流量 Q、物流作业路线 R、辅助服务部门 S、物流作业技术 T 等做为 SLP 方法的基本要素。

在对物流特小（城）镇进行规划布局时，除了物流园区的生产功能外，还涉及小（城）镇居民的生活功能，交通运输枢纽和内外通道等。因此，可以考虑将对物流园区功能布局有重要影响的板块——交通系统、居住社区、上游产业集群，以虚拟功能区的形式融入其他实体功能区布局规划；并以当前物流特色小（城）镇规划建设中面临两大重要目标“物流降本增效”和“绿色环保”为约束条件，构建科学的功能布局优化模型，从而为未来的物流特色小（城）镇规划建设提供方法借鉴。

6.3.3 基于 SLP 的功能布局优化过程

用 SLP 法进行物流特色小镇规划布局，就要按照一定的流程实施，首先是功能区关系构建，包括功能区的物流关系、非物流关系和综合关系，其次提出初步布局轮廓，然后确定单元作业位置、面积和几何形状，据此开展布局设计，最后对各种布局方案进行评价和优化。

1. 基于改进 SLP 的功能区关系构建

SLP 方法是目前应用于园区、工厂设施的一种较为流行的布局设计方法，通过功能区综合关系的密切度分析，将定性布局问题发展到定量计算阶段。然而，在物流特色小（城）镇的功能布局中，传统 SLP 方法具有明显的局限性：一是传统 SLP 方法将布置区域看作密闭系统，忽略了与外部环境的联系，不符合实际情况；二是得到初步候选方案后，要通过手工进行优化调整，过程受主观经验影响，当功能单元较多时，过程更加复杂，不利于科学决策。接下来，我们将针对上述局限，对 SLP 方法进行改进，并通过数学模型法来客观量化布局方案。

（1）功能区设置

1）实体功能区。不同类型的物流服务对应不同的实体功能，宋晓俊分析各种类型物流园区案例，总结不同类型物流园区的功能模块，构建了功能模块化产品结构模型如图 6–1 所示。物流特色小（城）镇在实体功能区设置时，可以根据自身资源禀赋进行选择和组合。

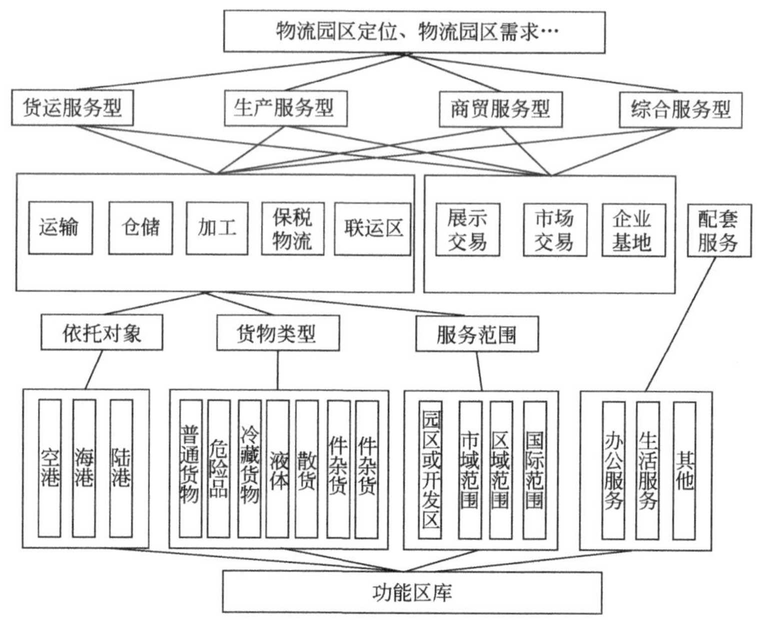

图 6–1　物流功能模块化产品族结构模型

2）虚拟功能区。考虑到交通对物流的重要性，我们将交通系统列为虚拟功能区，纳入 SLP 的布局范围中。物流特色小（城）镇往往选址在交通发达的环境。交通系统不具有独立的物流服务功能，却是物流的始终点，也是内部功能实现、外部衔接畅通的重要基础。交通系统包括内外两个部分。内部交通系统主要是联系各功能区以及功能区和出入口，具体包括功能区间道路网络（主要是货运和公交系统，尽量减少小客车运行频率），人和自行车等慢行交通、停车场其他辅助设施等；外部交通系统包含客货运枢纽、小（城）镇与外部连接的网络通道等。

考虑到“职住一体”和就地城镇化的需要，我们将居住社区的功能纳入虚拟功能区。居住社区包括居住生活、商业消费、旅游观光、生态农庄、文化体验等功能，考虑到环境保护以及噪声、粉尘隔离等因素，应与物流实体功能保持一定距离；考虑出行的便利，应与外部交通系统衔接顺畅；考虑到职住一体，应与上游产业、物流产业均具有密切关系。

考虑到上游产业对物流服务的迫切需求，我们将上游产业集群纳入虚拟功能区。集群中包括小（城）镇中对物流服务有需求的，具有一定规模，对小（城）镇经济具有较大贡献的产业，以空间集聚的形式进行表达。

（2）功能区综合关系分析

功能区综合关系包括物流关系、非物流关系。根据物流 OD 情况，作业流程分析和物流作业量，确定物流关系的强度等级；根据业务特点、组织机构和职能划分确定功能区之间的非物流关系。关系分析包含虚拟功能区和实体功能区如图 6–2 所示。综合关系通过 A、E、I、O、U、X 分别表示功能区关联度关系等级，从 A 到 X，关系逐渐弱化。

1）物流关系分析

物流关系是指物质资料转变为产品的过程。物流中心所有物流活动，均须经过详细分析，即“P–Q”分析，其中 P、Q 情况不同所采用的分析方法也不同，有物流过程图法、多物流对象物流过程表法、成组法、从 – 至表法。

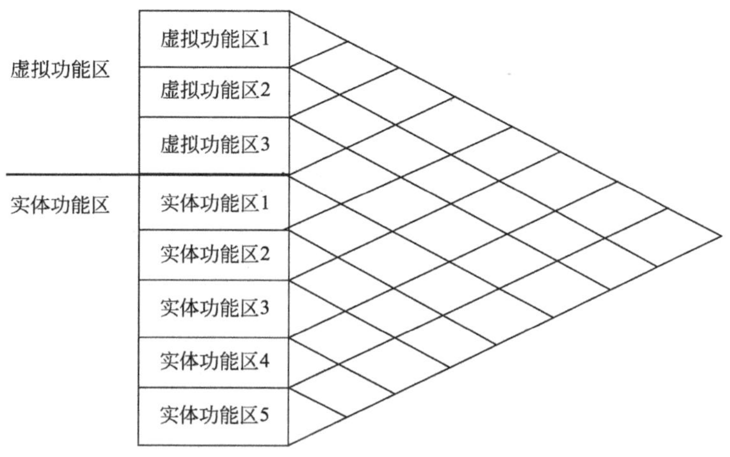

图 6–2　功能区关系分析

2）非物流关系分析

非物流关系属定性关系，无法数据量化。影响非物流关系密切程度的因素有：物流、业务流程、作业性质相似程度及场所、设备、公用设施、档案、人员是否具有同一性，监督和管理是否方便、工作联系是否频繁、噪声、振动、烟尘、危险品影响程度、服务频繁和紧急程度等方面，这些都体现出物流中心各区域和各环节的联系程度。因此，要联系实际情况，对这些要素进行合理分析，并将这种定量分析逐步转化为要素衡量，主要包含程序性的关系、信息交流和货物运输过程中产生的关系、组织与管理上的关系、功能上的关系、环境上的关系等。一般将区域之间相关程度划分为 6 个等级见表 6–1，将各作业单位之间通过非物流相关表的方式建立联系。

作业单元相互关系等级　　表 6-1

符号	排序	程度	比例
A	1	关系极为密切	2%~5%
E	2	关系特别密切	3%~10%
I	3	关系比较重要	5%~15%
O	4	关系一般	10%~25%

续表

符号	排序	程度	比例
U	5	关系不重要	45%~80%
X	6	关系为负	酌情而定

3）综合关系分析

在进行功能布局时，需要对物流关系和非物流关系二者进行整合，来确定综合关系。可以通过绘制各单元之间的关系表格合理布置各单元的位置。某作业单元与其他所有相关作业单元之间量化后的关系密切等级之和，就是该作业单元的综合接近程度。

①物流关系与非物流关系的确定，对于整个物流中心的建设至关重要，两者的比重数值，一般来说处于1/3到3之间，当小于1/3时，物流关系的比重小到可以忽略不计，此时，物流关系在这种情况下只考虑非物流关系。大于3时，主要考虑物流关系，此时非物流关系在整个中心建设中的影响力可忽略不计。一般情况下，物流与非物流的相对重要性比值一般取m ： n=3 ： 1、2 ： 1、1 ： 1、1 ： 2、1 ： 3。

②物流强度和非物流程度在前面是属于不可量化的，但可以通过一定方式将其量化，在实际应用中一般取 A=4，I=2，E=3，O=1，U=0，X=−1。

③计算量化的所有作业单元之间的综合关系。若两作业单元 i 与 j，其量化的物流关系等级为 MR_{ij}，量化的非物流关系等级为 NR_{ij}，则作业单元 i 与 j 之间的综合关系级别数值就可以表示为

$$TR_{ij}=m\cdot MR_{ij}+n\cdot NR_{ij} \tag{6-1}$$

④综合关系等级划分。TR_{ij} 是个数值，可以将各区间关系等级进行量化。依据 TR_{ij} 值的递减将综合关系等级划分为 A、E、I、O、U、X 六级，见表6- 2。

综合关系等级划分与对应比例 表 6-2

关系等级	符号	作业单位成对比例 %
绝对必要靠近	A	1~3
特别重要靠近	E	2~5
重要	I	3~8
一般	O	5~15
不重要	U	20~85
不希望靠近	X	0~10

2. *方案初步布局*

物流小镇功能区布局规划应遵循以下原则：

（1）近距离原则。在条件允许的情况下，使货物在小镇内流动的距离最短，以最少的运输与搬运量，使货物以最快的速度到达用户的手中，并满足客户的要求。

（2）布置优化原则。在小镇规划设计时，应尽量使彼此之间货物流量大的功能区靠近，而物流量小的设施与设备可布置得远一些。同时尽量避免货物运输的迂回和倒流。

（3）系统优化原则。物流小镇在进行功能设计时应进行准确的功能定位，合理考虑各种物流与非物流关系对物流园区功能布局的影响，从而确定合适的比例进行功能布局设计，使整个物流园区的效率达到最优。

（4）柔性化原则。物流小镇功能布局应该留有发展的空间和适应于变化的设计。

（5）可持续发展原则。物流小镇的布局要符合可持续发展要求，避免出现因盲目追求经济效益忽视了环境保护的问题。

（6）保证居民正常生活原则。物流小镇的物流作业、车辆运输等过程会产生噪音，因此作业区要尽量远离居民区，保证居民的正常休息生活。

（7）便于管理原则。物流小镇的功能布局要有利于货畅其流，有利于生产和管理，有利于各环节的协调配合，使小镇的整体功能得到充分的发挥并获得最好的经济效益。

基于以上的原则和功能区关系的构建情况，初步给出物流小镇功能区布局示意，如图 6–3 所示。

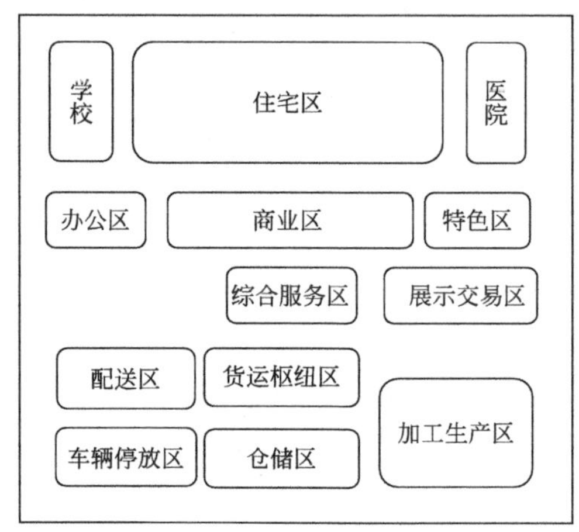

图 6–3　物流小镇功能区布局示意

需要注意的是，这里给出的只是功能区布局的面积大致对比和相对位置，对于具体的小镇需要根据具体情况调整面积和功能区的位置。

3. *确定作业单元位置、面积与形状*

物流特色小（城）镇总规划就是将各作业单元位置按照密切度等级在平面图中快速有效地区划出来，不同级别亲密度之间的区域必然区别对待，同级别的再按照先后顺序进行具体排列。物流中心面积的设计通过计算方法或工程需要的土地面积来确定。当所需面积受实际条件限制时，就要通过改变建筑物排列、组合方式等来保证具体建设过程的完善。影响和限制面积的主要因素是货物作业量，可以估算：

$$R=W_d \cdot P_d \tag{6-2}$$

式中，R 表示区域面积；W_d 表示区域 d 的物流作业量；P_d 表示区域 d 的面积利用系数。各区域面积利用系数 P_d 影响因素主要有货物类型、设施设备、存放方式等，这些均需要根据建造经验和实际条件来确定。

另外，辅助部门是物流中心的重要组成部分，在布置中要引起足够重视。由于辅助服务部门不进行物流作业，多以人员流动和交流为主，主要有员工出入便利问题、信息传递与交流问题、生活环境安全整洁问题、人流与物流入口分别设置问题。

4. 基于遗传算法的方案评价

方案评价是物流中心整体系统布局设计过程的最终环节，需要对各种备选方案，进行单指标评价或多指标评价，最后给出评价结果。一般常用的评价方法主要有优缺点比较法、加权因素比较法、专家打分法等。

方案评价一般方法举例　　表 6-3

方法	简介	特点
优缺点比较法	将几种方案的优缺点陈列出来，根据实际情况选择更加适合的方案	定性分析
专家打分法	通过多名专家意见和建议对某一问题进行归纳总结，得出结果	主观性较强，过度依赖专家经验
加权因素比较法	对影响因素赋予权值，计算布局得分，得到最优方案	根据不同因素的地位和作用设立加权值

由于物流特色小（城）镇涉及的功能区较多，且需要考虑的目标也相对综合，因此，单纯利用上述方法进行评价，并不能体现科学性。在这里，我们可以引入遗传算法对已经排列出来的布局方案进行评价或优化，具体步骤如下：

（1）问题描述与模型假设

物流特色小（城）镇布局规划最主要的目标是实现功能区之间物流成本的最小，能耗和环境污染的最小以及功能区间的关联度最大。根据以往物流园区功能区间布局问题相关文献提供的方法，同时考虑本文的研究对象及特点，现对模型做出如下假设：

1）小（城）镇及其内部各功能区的形状均为规则的矩形结构。

2）各功能区按顺序依次排列，与 X 轴平行。

3）功能区间物流量、物流成本、污染排放量，各功能区长宽比例及其面积事先进行预测，在构建多目标模型的时候均为已知。

在上述假设下，功能区布局示意图如图 6-4 所示。

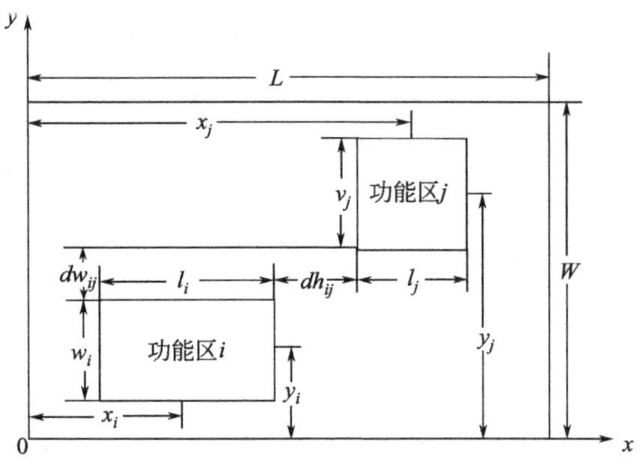

图 6-4　物流特色小（城）镇功能区布局示意图

（2）目标的确定以及数学模型的构建

图 6-4 建立的平面坐标系中，i 和 j 分别表示第 i 个和 j 个功能区；x_i 和 y_i 分别表示功能区 i 的横坐标和纵坐标；l_i 和 w_i 分别表示功能区的长度和宽度；dl_{ij} 和 dw_{ij} 分别表示功能区 i 和 j 之间保留的横向间隔和纵向间隔；L 和 W 分别表示物流特色小（城）镇的总长度和总宽度。

根据上述目标要求，构建多目标函数表达式：

$$\text{MinZ1}=\sum_{i=1}^{n-1}\sum_{j=i+1}^{n} q_{ij}c_{ij}d_{ij} \tag{6-3}$$

$$\text{Min Z2}=\sum_{i=1}^{n-1}\sum_{j=i+1}^{n} q_{ij}e_{ij}d_{ij} \tag{6-4}$$

$$\text{Max Z3}=\sum_{i=1}^{n-1}\sum_{j=i+1}^{n} v_{ij}d_{ij} \tag{6-5}$$

约束条件：

$$x_i \leqslant L\ ;\ x_j \leqslant L\ ;$$

$$y_i \leqslant W\ ;\ y_j \leqslant W\ ;$$

式中：q_{ij} 代表功能区 i 与 j 之间的物流量；

c_{ij} 代表功能区 i 与 j 之间的单位物流成本；

d_{ij} 代表功能区 i 与 j 之间的通行距离。

e_{ij} 代表功能区 i 与 j 之间的物流与非物流活动导致的单位能耗及环境污染量。

v_{ij} 代表功能区 i 与 j 之间的活动关联度。其中 v_{ij} 是根据功能区综合关系量化表（表 6–4）得来。

功能区关联度量化值　　表 6-4

符号	关系等级	v_{ij}
A	绝对重要	1
E	特别重要	0.8
I	重要	0.6
O	一般密切	0.4
U	不重要	0.2
X	负密切	0

（3）基于遗传算法的目标函数求解

物流特色小（城）镇布局问题属于非线性规划问题，而且涉及的约束条件比较复杂，用一般的数学方法难以找到最优解。遗传算法模拟大自然优胜劣汰的规律，淘汰适应度低的方案，通过选择、交叉、变异操作，保证染色体的多样性。即使在所定义的适应度函数不连续的情况下，也能以大概论找到最优解。

1）适应度函数

根据代价极小化和利益最大化原则，物流特色小（城）镇功能区布局的适应度函数采取下式来表达：

$\mathrm{Eval}(x)=\dfrac{1}{\mathrm{Fmin}+\mathrm{e}^{\lambda fij(x)}}$，其中，$f_{ij}(x)$ 为两功能区相交的面积。

2）惩罚度函数

本文建立的惩罚函数包括两个方面：一是功能区重叠；二是

超出物流特色小（城）镇的长、宽尺寸。惩罚函数为：

$$\lambda 1k=\begin{cases}0,\ l_{max}\leqslant L;\\ \alpha(l_{max}-L),\ l_{max}\geqslant L.\end{cases}$$

$$\lambda 2k=\begin{cases}0,\ w_{max}\leqslant W;\\ \beta(w_{max}-W),\ w_{max}\geqslant W.\end{cases}$$

其中，α、β 为常量，惩罚值，一般取较大的正常数。

3）选择操作

采用基于排序的选择方法，首先对种群个体适应度值进行排序，按设定比率淘汰低适应度的个体，剩余个体按轮盘赌方法参与选择。

4）交叉操作

采用随机配对的方式，将群体中的 m 个个体以随机的方式组成 $m/2$ 对配对个体组，交叉运算是在这些配对个体组中的两个个体之间进行的。

5）变异操作

变异运算就是染色体上的某些基因被其他基因所代替，并出现的一个新的个体。变异运算决定了遗传算法的局部搜索能力，交叉算子和遗传算子相互配合，使得遗传算法能够以良好的搜索性能完成最优问题的寻优过程。

6.4 案例：A 物流小（城）镇功能区布局规划方案及效果分析

A 是某市境内的一个以物流为特色产业的小镇，面积约 600 多公顷。项目交通优势明显。预计设置 7 个功能区，分别为保税物流区①、物流仓储区②、研发创新区③、滨水居住区④、展示交易区⑤、行政商贸区⑥和道路与交通设施区⑦。根据经济规模与人口规模预测，可得到的功能区用地面积见表 6–5。

功能区面积表　　表 6-5

用地类型	物流类型	面积（公顷）	功能区长宽比
商业用地	市场物流用地	16	2.5 ：1
物流加工产业用地	物流配套产业用地	32	1.4 ：1
物流仓储用地	仓储用地	200	2.1 ：1
	保税物流用地	60	3.2 ：1
	仓储配送用地	120	1.2 ：1
	堆场用地	30	1.4 ：1
	物流发展备用地	22	1.6 ：1
居住用地	二类居住用地	80	1.2 ：1
	商住混合用地	20	1.4 ：1
道路与交通设施用地	道路用地	76	
	交通场站用地	5	
总计		661	

1. 关系分析

分别对 A 物流小（城）镇的物流作业关系以及非物流关系进行分析，为了更加准确的描述各区块之间的相互关系，减少个人在判定关系时的主观因素，我们制作了一份调查问卷，通过发放给物流专业相关人士进行作答，并回收统计的方式描述区块间关系。在分配权重时使用了专家打分法，通过让十位专家对物流关系、非物流关系二者在综合关系中所占权重进行打分，对打分的结果取均值并适当舍入。最终设置两种关系的权重为 3 ：1，可得到 7 大功能区的综合关系分析表，见表 6–6。

A 物流小镇功能区综合关系分析表　　表 6-6

序号	作业单位对	物流关系		非物流关系		综合关系	
		加权值	3	加权值	1		
		等级	分值	等级	分值	分值	等级
1	①－②	*U*	0.2	*I*	0.6	0.3	*O*
2	①－③	*O*	0.4	*O*	0.4	0.4	*O*

续表

序号	作业单位对	物流关系		非物流关系		综合关系	
		加权值	3	加权值	1		
		等级	分值	等级	分值	分值	等级
3	①-④	*U*	0.2	*U*	0.2	0.2	*U*
4	①-⑤	*A*	1	*A*	1	1	*A*
5	①-⑥	*E*	0.8	*E*	0.8	0.8	*E*
6	①-⑦	*E*	0.8	*E*	0.8	0.8	*E*
7	②-③	*A*	1	*O*	0.4	0.85	*A*
8	②-④	*X*	0	*U*	0.2	0.05	*U*
9	②-⑤	*E*	0.8	*E*	0.8	0.8	*E*
10	②-⑥	*A*	1	*E*	0.8	0.95	*A*
11	②-⑦	*E*	0.8	*O*	0.4	0.7	*E*
12	③-④	*U*	0.2	*E*	0.8	0.35	*O*
13	③-⑤	*I*	0.6	*A*	1	0.7	*E*
14	③-⑥	*O*	0.4	*E*	0.8	0.5	*I*
15	③-⑦	*U*	0.2	*O*	0.4	0.25	*O*
16	④-⑤	*U*	0.2	*O*	0.4	0.25	*O*
17	④-⑥	*U*	0.2	*O*	0.4	0.25	*O*
18	④-⑦	*X*	0	*O*	0.4	0.1	*U*
19	⑤-⑥	*O*	0.4	*I*	0.6	0.45	*I*
20	⑤-⑦	*U*	0.2	*I*	0.6	0.3	*O*
21	⑥-⑦	*X*	0	*O*	0.4	0.1	*U*

2. 功能区间物流量、单位物流成本和碳排放

根据对物流小镇未来物流量的预测以及各功能区间物流作业的多少，得出各功能区间的货物流量表；利用专家访谈法以及典型物流园区走访法，获得第一手的单位物流成本预测值，并根据

物流作业的类型和作业量获得碳排放值，从而应用于下面的多目标决策中。其中，物流量及成本值（粗略）数值见表 6–7。

功能区间物流量及物流成本　　表 6-7

从＼至	保税物流区①	物流仓储区②	研发创新区③	滨水居住区④	展示交易区⑤	行政商贸区⑥	道路交通设施区⑦
保税物流区①		18.2（3）	5.6（1）	1.2（1）	2.3（2）	1.4（1）	36.1（3）
物流仓储区②			1.4（2）	0.3（1）	0.6（2）	0.8（1）	39.7（3）
研发创新区③				0.5（1）	1.9（3）	1.2（2）	10.8（2）
滨水居住区④					1.0（2）	0.8（2）	3.8（2）
展示交易区⑤						1.5（2）	6.5（2）
行政商贸区⑥							2.9（2）
道路交通设施区⑦							

3. 遗传算法参数设置及求解

通过查阅相关文献以及大量的实验结果，本研究的遗传算法环境参数设置见表 6–8。

遗传算法环境参数表　　表 6-8

环境参数名	参数值
种群数 pop_size	100
交叉率	0.6
变异率	0.01
最大世代数 max_gen	400

续表

环境参数名	参数值
功能区间物流成本项权重 w_1	0.8
功能区邻接关联度项权重 w_2	0.2

通过编写相关遗传算法代码并运行，得到图 6–5 所示功能区布局最优方案。

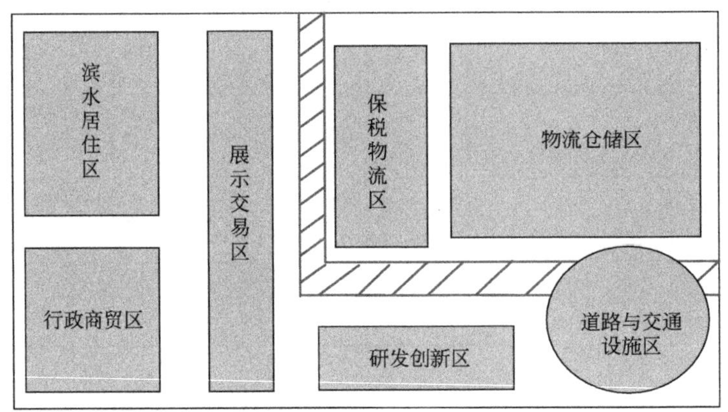

图 6–5　最优布局方案

4. 布局方案效果分析

由最终布局方案可以看出，与交通运输枢纽密切相关的物流仓储区、保税物流区，均被布置在紧邻交通设施的地方；居住区这种对物流活动低容忍度的功能区则被布置远离交通枢纽、远离物流活动区；展示交易区作为与居住、商贸和物流活动均具有密切关联的功能区，被安置在中间位置。这样一来，既保障了物流活动发挥集聚性，又降低了物流成本，避免了居民区被物流活动打扰，因此，整个布局方案达到了预定目标。

第7章　物流特色小（城）镇交通网络布局方法

对于物流特色小（城）镇来说，物流系统是最关键的要素，而物流系统功能的实现，需要科学、合理、发达的交通系统。小（城）镇内部产业集聚点、物流节点的布置，需要内部路网的连接；小（城）镇物流的集散、流通，需要与周围其他小（城）镇或中心城市之间四通八达的交通网作为支撑，因此交通网络的布局和优化方法研究是物流特色小（城）镇布局规划中必不可少的重要环节。

7.1　当前小（城）镇交通网络规划中存在的问题

我国交通建设正在以前所未有的速度推进，乡镇间交通网络逐渐完善，农村公路的大规模建设，也增强了城镇内部路网的通达性，总体来看，均为物流特色小（城）镇的发展提供了坚实的硬件基础。但是，由于交通和城镇规划职能部门、目标不同，城镇规划的目标是合理配置生产力，有效利用资源，协调居民的居住空间。交通规划的目标是降低节点间运输费用，提高交通通行能力，解决道路拥挤问题等。造成公路交通规划与城镇规划分离，城镇和对外交通难以融合，存在的问题也较多，具体来说有以下几个方面：

（1）交通与城镇间的密切关系在规划中体现不充分。一方面，城镇规划中交通规划不受重视。另一方面公路交通是小

（城）镇规划问题的重点，应在小（城）镇发展规划中占有突出重要的位置。但在我国城镇发展规划中，城镇间的交通规划研究还比较滞后，详细的交通发展规划还没有作为城镇规划的重要组成部分列入。其中，交通规划中针对小（城）镇的分析部分欠缺。对小（城）镇的分析经常是流于表面，没有针对小（城）镇作深入透彻的分析，交通对城镇的影响分析不足。

（2）城镇之间的交通缺乏层次性。由于城镇集聚能力、地理位置、经济基础与发展水平差异，从而形成了多等级、多层次的空间结构。与此相适应，城镇之间经济要素的流动也表现出多层次性。从优化空间结构的角度出发，要求建立多层次的交通网络系统，但由于在投资建设上过度强调平均分配资源，交通建设没有统筹规划，交通层次不明确，脉络也不清晰。

7.2 物流特色小（城）镇交通网络布局思路与流程

7.2.1 物流特色小（城）镇交通网络布局思路

从城镇发展的角度来说，交通路网的合理布局，首先要研究区域城镇社会经济发展战略，明确城镇发展方向；其次要研究地理地况，分析支撑城镇交通走廊的骨架网络，尤其是城镇群交通的支撑骨架；最后要研究城镇与交通的衔接关系。

从路网规划的角度来说，城镇在形成过程中一般已包括公路系统，因此，规划者不是设计一个新的系统。而是改造一个老的系统或者说提升一个老的系统。其规划的目的是在满足边界约束条件下，通过公路系统的改造，以最优的公路结构来实现公路所期望的功能。

从城镇与交通的互动角度来说，交通的布局要遵循以下原则：

（1）与规划区域中心城市联通的原则，保证各小（城）镇与区域中心城市之间在空间与时间上快速、便捷的联系。

（2）城镇公路与国家公路网、国道主干线、周边区域公路网联通的原则。

（3）与重要节点快速联系的原则，小（城）镇与各重要节点（机场、港口、高速出口）之间应建立快捷的联系通道，根据规划区域城镇体系和产业布局，必要时可采取环线形式联系重要节点。

（4）与高速公路良好衔接的原则，高速公路对小（城）镇的带动作用突出，小（城）镇公路与高速公路在布局、节点处理上必须有良好的衔接，以发挥网络的整体效益。

7.2.2　小（城）镇交通网络布局优化的流程

根据前面提出的布局思路和完善的方法，本文拟采用以下步骤布局优化城镇交通网络，具体如图 7–1 所示。

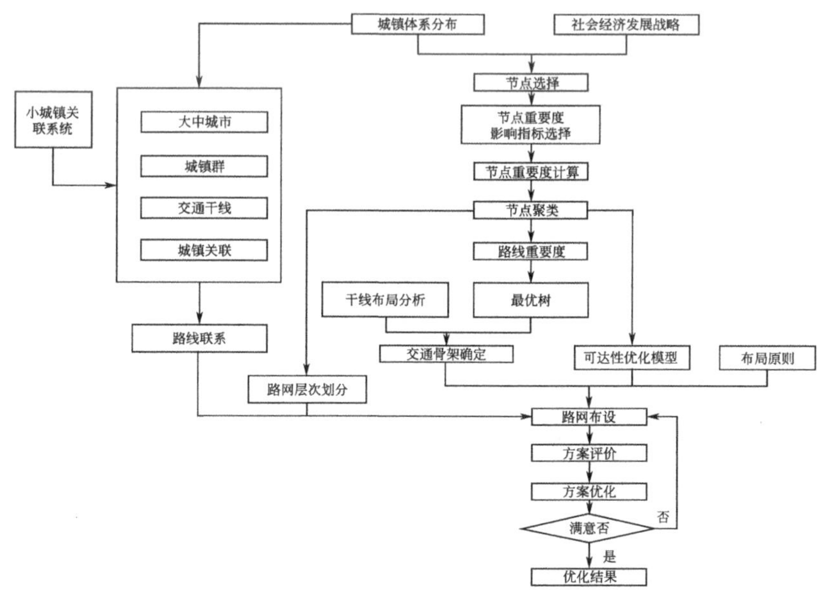

图 7–1　小（城）镇交通网络布局优化流程图

1. 区域现状路网的结构特征及主要问题

从国家主干线路网到城镇外部联系的路网，其现状构造、路线构成、技术等级等技术指标应该作为布局优化的基础性工作首先进行。研究城镇道路系统的现状，从而可以分析其与城镇的适应性，与地形的适配性，以及网络现有的特征。在此基础上，分析现有路网的骨架特征，评判是否与现有城镇发展需求相适应，是否与区域未来的城镇发展策略相适应，以及主要的缺陷与不足等关键问题。

2. 确定区域节点重要度的影响因素

一般而言，节点重要度的评判需要明确影响规划区域交通网布局的主要影响因素，包括国省干线的布局、城镇体系的节点分布、产业及资源分布和地形特征等。可以借助 STEP 方法从 Social（社会的）、Technological（技术的）、Economic（经济的）和 Political（政治的）4 个方面入手，进行具体分析，见表 7–1。

小（城）镇交通节点重要度影响因素的 STEP 分析　表 7-1

	社会	技术	经济	政治
交通分析	人口	交通方式划分	地区、人均 GDP	国家、地方相关法规制度
对外通道	过境交通、土地利用	通道选择	地区、人均 GDP	国家、地方相关法规制度
道路网络	现状、地区性质、土地利用、人口	相关规范要求	地区、人均 GDP	国家、地方相关法规制度
道路断面	现状、地区性质、土地利用、人口	道路功能、规范要求	道路造价、地区经济	国家、地方相关法规制度
交通设施	现状、地区性质、土地利用、人口	设施功能、建设标准	建设造价、地区经济、土地价值	国家、地方相关法规制度

3. 划分城镇节点层次与交通布局层次

根据节点聚类分析的结果，结合城镇分布体系和社会经济发展战略，把城镇内外节点分为若干层次，相应的按照不同的服务对象，根据服务城镇的规模、数量，交通网布局时也应该划分为若干个层次进行。

4. 利用节点重要度确定主干路网

主干路网包含已有的国省道主干线。城镇交通网布局的首要任务是参照境内国省干线布局规划方案，结合重要度逐步层展开的最优树模型补充，形成城镇公路交通的框架与主体。

5. 布设城镇公路网系统

城镇公路网系统的布设主要是指在骨架路网的基础上加密路网，联络小（城）镇节点，它是城镇交通网中的有机组成部分，也是城镇交通网功能发挥的重要环节。路网的布设应以城镇可达性为目标，以交通网发展规模的要求为约束，根据优化模型通过评价以整体路网构造的科学性作为重要的调整参量。

6. 评价与改进

一个布局合理的城镇交通网络能为小（城）镇创造集聚、降低流通成本、提升流通效率。因此，对交通网络布局方案的评价必不可少。方案评价的重点应在小（城）镇与外部干线的配合协调关系以及内外部交通需求的适应程度。

7.3　节点重要度分析

7.3.1　节点重要度法介绍及改进思路

节点重要度法从规划区域内节点分析入手，通过对节点重要度、路线重要度和路网重要度的计算，完成由点及线，由线及网的布局过程。美国、德国和日本等国在进行国家干线公路网规划时都采用这种方法。该方法是在确定路网节点的基础上，用节点的人口、产值、公路客货运输量等指标来反映节点功能的强弱及地位的高低，计算各节点的重要度。节点重要度是定量描述节点之间相对重要程度的指标。其次，根据路线连接节点的重要度计算路线的重要度。再次，根据重要度最大原则，确定公路网重要度最大树。

（1）改进思路一：拓宽了节点的内涵。

由于本章的研究对象除了与小（城）镇关联的其他城镇、其他城市、外部货运枢纽等节点外，还包括了城镇内部的产业集聚区、生活区、物流园区、货运场站等内部节点，因此，本章所述节点拓宽了既有节点的内涵，在研究城镇间交通网络连接时，指的是小（城）镇；在研究城镇内部网络连接时，则指的是上述内部节点。即节点包含了外部节点和内部节点两层含义，在方法的应用上是可以通用的。另外，对于城镇内部节点的重要度，考虑用节点的功能定位、政治经济地位、客货运输量等指标来综合反映。

（2）改进思路二：通过逆时针射线旋转，确定内部通道走向。

传统确定交通通道的方法是根据节点重要度值大小，计算路线的重要度。交通网络中路段的重要度，取决于其连接的两个节点的重要程度。但这种做法片面强调了两端节点的重要性，而未能全面考虑整个区域的节点，不符合系统规划的思路。因此，本研究针对小（城）镇的内部节点，通过旋转划片的方式进行通道走向研究，通过计算覆盖区域节点的重要度加和，确定通道的主方向。这种做法化点为片，且通过旋转夹角的改变，全面覆盖整个区域，科学性和可信性得到很大提高。

（3）改进思路三：将优化目标由节点可达性改为区域整体可达性。

根据节点的重要程度，可以将节点通过分层级的通道连接起来，但这只保证了节点间的可达性，得到的是一个最优树，是一个树状的交通布局；事实上，在小（城）镇中，除了节点外，考虑到人们出行、生活的方便，考虑到其他产业间的互联，节点不一定能覆盖全面，因此片面强调节点的可达性是不够的，要实现区域整体的可达性。因此，将区域整体可达性作为交通网络布局的优化目标，这也实现了交通从树状到网状的变化。

7.3.2　节点重要度计算

物流特色小（城）镇交通网络是由节点和节点之间的连接构成的几何拓扑结构，布局综合交通运输网络尤其是获取骨干通道，关键是对节点和节点之间的连线做出合理的分析和选择，而其中节点的选择问题是首要的。进行综合运输网络布局或骨干通道筛选时，首先应该对已经划定的节点的重要度情况做详细分析。

1. 节点的选取原则与方法

节点选择时，小（城）镇内根据交通线网的特征、地位或层次、作用以及发展的战略目标，结合区域社会经济、政治、国防等发展的需要，选择合理的节点作为路网布局的主要控制点；小（城）镇外根据地理位置在相邻区域内，选择与规划区域内所选节点各要素级别相同的节点，或选择较远区域内对规划区域具有重大影响的重要节点。

依据“功能相似”的原则将入选节点划分为具有不同功能和地位的几个层次。可以根据需要将入选节点划分为 n 个层次，如两个层次：重要节点、普通节点；或三个层次：骨干节点、重要节点和普通节点；当然也可以视情况的复杂程度，将节点分为四个层次：一级节点、二级节点、三级节点、四级节点。总之，依据具体情况的复杂程度来确定节点的层次。

2. 节点重要度计算

内、外部节点在综合运输网络的布局中起的作用是不同的。内部节点的功能主要是服务小（城）镇内部产业或帮助物流、客流更好流通，其重要度主要体现在对客流、货流的吸引或发生能力上，如商贸圈、制造业工厂、货运站等，对物流、车辆的吸纳能力很强；外部节点的功能主要是联通周边城镇、货运枢纽、重要区域等，其重要度主要体现在与小（城）镇的互联互通关系上。

由于经济社会发展水平、地理位置以及政治、历史因素等方面的差异，各节点在运输网中所起的作用和所处的地位是不同的，节点重要度是综合诸多方面反映的结果。由于各城镇实际情况的差异，在开展布局规划前，应确立适应区域特性的、决定路网布局的主要影响因素或参考指标为节点重要度评判的主要依据。

对于外部节点，如大中城市的边缘小（城）镇，城镇体系的协调发展策略、进出城市的交通等将是主要的影响因素；对于重要交通干线，其城镇发展有着显著的优势，因此干线道路网将是其首要参数；对于山岭重丘区，地形也是主要的影响因素之一，应该充分考虑规划线路对于地形的可行性与适应性。

对于内部节点，相关产业对物流的需求、产值，人口和货物流通量，流通频率，流通时间等，都是要考虑的主要因素。

节点重要度定义为各项指标的加权平均值：

$$L_i = \sum_{j=1}^{m} a_j \frac{e_{ij}}{e_j} \tag{7-1}$$

式中：L_i——区域内节点的重要度；

a_j——第 j 项指标的权重（采用主成分分析法确定）；

e_j——区域内所有节点的第 j 项指项的算术平均值；

e_{ij}——节点 i 的第 j 项指标（j=1，2，…，m）。

3. 节点系统聚类分析

根据系统聚类分析的原理，按照各节点重要度值大小，对所选节点进行聚类分析，从而据此划分节点类型，确定不同层次路线走向的主要控制点，主次分明、层次清楚地进行交通网络布局方案设计。

设有 n 个待分类的节点 X_1，$X_2 \cdots X_n$，每一个节点均有 k 个指标，或称 k 个因素。于是每个节点就对应着表征这个节点各指标的一组数 Y_1，$Y_2 \cdots Y_k$（其中 Y 表示节点的第 i 个指标值）。不同 X_i 与 Y_j 之间的接近程度，可用距离 d_{ij} 来表示（i，j=1，2，…n），用两类合并。用 D_{pq} 表示 G_p 与 G_q 的距离，规定：

$$D_{pq}=\min\{d_{ij}\} \quad (p \neq q),\ i \in G_p,\ j \in G_q$$

$$D_{pq}=0 \quad (p=q)$$

最短距离法就是以 D_{pq} 进行聚类，其具体步骤如下：

（1）确定距离的计算公式，计算 n 个节点两两之间的距离（i，j=1，2，…n），采用标准化平方欧氏距离来反映，即：

$$d_{ij}=\sum_{m=1}^{k}(X_{\mathrm{im}}-X_{\mathrm{jm}})^2/S_{\mathrm{m}}^2 \qquad (7\text{-}2)$$

式中：S_m^2 表示指标 m 的方差；D_{ij} 值用矩阵 D（0）表示：

$$D(0)=\begin{bmatrix} 0 & & & & \\ d21 & 0 & \text{对} & & \\ d31 & d32 & 0 & \text{称} & \\ dn1 & dn2 & dn3 \cdots dm-1 & 0 & \end{bmatrix}$$

因为初始状态每个方案自成一类，所以 $d_{pq}=d_{qp}$。

（2）选择 D（0）中最小非零元素，设为 D_{pq}，于是将 G_p 与 G_q 并类，视为（G_pG_q），G_r 中各指标值取该类中所对应指标的均值。

（3）计算新类 G_r 与其他类 G_h=（$h \neq p \cdot q$）的距离。

$$\begin{aligned} D_h=min\ \{d_{ij}\} &=min\ \{mind_{ij},\ mind_{ji},\} \\ &=min\ \{D_{ph},\ D_{qh}\} \\ &=min\ \{D_{ph},\ D_{qh}\} \\ & i \in G_r,\ i \in G_q \\ & i \in G_h,\ i \in G_q \end{aligned}$$

于是将 D（0）中第 p，q 列上的元素按步骤 2 合成一个新类，认为 G_r 对应于新行列得到的矩阵记为 D（1）。

（4）对 D（1）重复上述 1，2 的做法，得 D（2）。

（5）如此下去，直到所有方案聚成所要求的类数为止。

如果某一步 D（h）中最小的元素不止一个时，则对应于这些元素可以同时合并。

经过反复聚类计算，最后根据上面划分的层次分别评定，按照节点重要度值大小，将其分为三类，即骨干节点、重要节点和普通节点。并将结果作为确定通道方向的主要依据。

7.4 小（城）镇交通网络通道布设

7.4.1 外部通道：利用节点重要度法确定主骨架

外部交通方面，城镇间交通网布局的首要任务是参照境内国省干线布局规划方案，结合重要度逐层展开的最优树模型补充，形成城镇公路交通的框架与主体，要以区域路网的规模为约束条件。

城镇公路网系统的布设主要是指在骨架路网的基础上加密路网，联络小（城）镇节点，它是城镇交通网中的有机组成部分，也是城镇交通网功能发挥的重要环节。路网的布设，应以城镇可达性作为目标，以交通网发展规模的要求为约束，构建优化模型。通过评价以整体路网构造的科学性作为重要的调整参量。

最优数仅反映了节点与骨干路网的有效沟通，但树状的城镇交通结构并不能保证区域整体可达性的提高。整体可达性并不追求区域内个别节点可达性的提高，而是整个区域可达性的提高；同时，通道的交通成本也是需要考虑的重要因素。因此，此处在最优树的基础上增补其他交通线路，使交通由树状向网状过渡。为使可达性最高、交通成本最低，力争实现路网规划的总体目标最优，结合路段重要度建立区域城镇可达性优化模型如下：

$$\mathrm{MAX}E_n=\frac{1}{n}\sum_{i=1}^{n-1}\sum_{j+1}^{n}(1-g_{ij})x_{ij}f(d_{ij})+a\frac{1}{(n-1)L_n}\sum_{i=1}^{n-1}\sum_{y=i+1}^{n}(I_i+I_j)x_y \tag{7-3}$$

$$
\text{s.t.}\begin{cases}\sum\limits_{i-1}^{n-1}\sum\limits_{j=n+1}^{n}L_{y}x_{ij}\leqslant L_{n}\\ \sum\limits_{k=1}^{i=1}x_{ki}+\sum\limits_{j=k+1}^{n}x_{ij}\geqslant 1\ (i=1,\ 2,\ \cdots,\ n)\\ \sum\limits_{i=1}^{n-1}\sum\limits_{j=n+1}^{n}A_{ij}x_{ij}\leqslant A_{n}\\ x_{ij}=\begin{cases}1,\ \text{边连通}\\ 0,\ \text{边不连通}\end{cases}\end{cases}\tag{7-4}
$$

式中：a——为平衡系数。

g_{ij}——路段 L_{ij} 的通行成本。

7.4.2　内部通道：利用射线旋转法确定通道方向

选取节点重要度聚类分析中的骨干节点作为旋转节点。假设下图是某小镇的区域形状，选取旋转节点 O 为起点，向区域边界做两条射线，与区域边界分别交于 A、B 两点，设射线 OA 与 OB 之间的夹角为 α，记此时 OA、OB 与小（城）镇边界所形成的区域为 P，P 内所有节点的节点重要度之和为 Q_1。令 P 以 O 为圆心逆时针旋转 1°，记此时 P 所覆盖范围内所有节点的节点重要度之和为 Q_2。按照上述方法不断旋转 P，直至转满一周 360° 并得到了 360 个 Q_i。将这 360 个数据标注在直角坐标系中，并将所有点依次连接即可得到基于点 O，以 α 角扫描区域一圈的节点重要度分布图。同理，调整 α 角为 α′，则可得到以 α′ 角扫描区域一圈的节点重要度分布图。其中，α 角的设置既不能过小，也不能过大，这时，可以按照实际需要确定一个最大值 α_{max}，一个最小值 α_{min}。依次取 α_{max}、α_{min} 和（$\alpha_{max}+\alpha_{min}$）/2 对区域进行扫描，绘图可以得到三张节点重要度分布图。分别找出其中的各个波峰，并按照峰值大小依次排序，根据规划路网的规模、资金投入等硬性约束条件，选取一定比例的波峰值对应的方向，作为综合运输通道的方向。

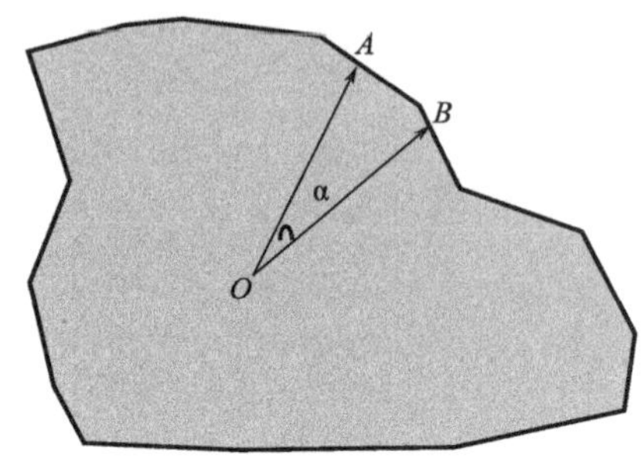

图 7-2　射线旋转法示意图

对于多骨干节点的小（城）镇，在找到一个骨干节点的辐射通道走向后，还应依次寻找其他骨干节点的辐射通道走向；将重复的通道合并后即可得到区域综合运输通道的初步形态。当通道最终方向确定后，还应明确通道内线路的具体走向和连接问题。由于通道中存在多个节点，那么就存在多种连接方案。此时，仍然可以借助区域城镇可达性优化模型来选择方案。

根据上述方法可以确定网络的基本布局，最终还需要结合城镇规划、资金支撑等相关情况进行调整。

7.4.3　城镇交通网络通道布局优化

合理的城镇交通网络能为小（城）镇创造集聚，提供有利条件。在进行交通的规划时，要求对现有的交通网结构进行正确的评价，分析交通网的不足和引发交通问题的原因，为交通布局提供决策依据。这些工作都需要建立相应的充分的小（城）镇交通网络评价指标体系和评价方法。对此，前人已做了很多研究，本文不再做重复研究。交通网络布局方案评价具体可以总结为 2 大部分：路网结构性能评价和路网交通质量评价。结构性能评价可通过连接度、道路级配、中位点吻合等指标来体现；质量评价可通过平均技术车速、整体适应性和符合均匀性等指标来体现，如图 7-3 所示。

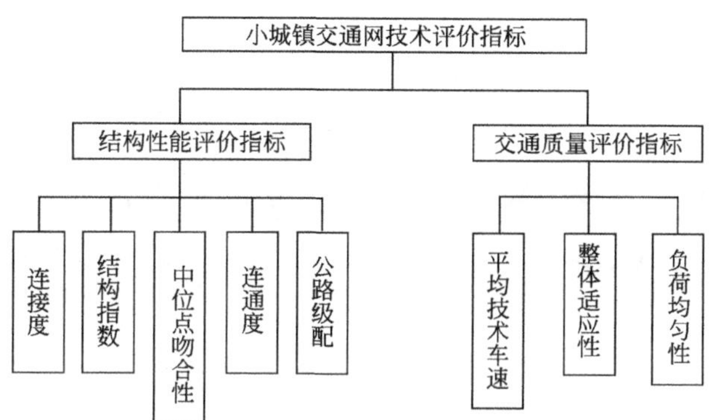

图 7-3　小（城）镇交通网技术评价指标

第 8 章　物流特色小（城）镇布局规划方法应用实例——合肥南山岗集物流小镇

本章以合肥南山岗集物流小镇的规划建设为例，阐述小镇从“主题选择”“小镇选址”“功能定位”“空间组织”等 4 个方面如何支撑特色小镇布局规划，并在此基础上汇总形成特色小镇的各项规划目标。

8.1　主题选择

8.1.1　合肥特色小镇现状

根据《安徽省住房城乡建设厅　省发展改革委员会 省财政厅〈关于开展特色小镇培育工作的指导意见〉》（建村［2016］169 号）和《关于做好 2016 年特色小镇推荐工作的通知》（建村函［2016］1610 号）的要求，经县级申报，市级初审，省级组织专家评估复核，将 21 个镇列为第一批省级特色小镇名单。合肥市肥西县三河镇、合肥市庐江县汤池镇和合肥市罍街文创小镇名列其中，分别如图 8–1、图 8–2 和图 8–3 所示。

但是我们归纳这些小镇具有以下特点：要么有文化、弱产值；要么有产业、不生态；要么有生态、无特色。我们认为，以文旅项目推进特色小镇建设的思路是片面的。如果仅从生态角度着眼，可能“文旅产业”是不二选择，但是它的单位贡献率、亩产投资额及就业人口吸引力都是有限的，对经济发展和产业结构的转型升级作用并不显著。我们知道，推动特色服务业产业发展，除了生活性服务业，还有生产性服务业。因此创造性地选择“物流产业”支撑特色小镇建设，既是创意、又是创新。

图 8-1　合肥市肥西县三合镇

图 8-2　合肥市庐江县汤池镇

图 8-3　合肥市罍街文创小镇

8.1.2 特色小镇发展利好政策

安徽省“十三五”物流规划了“一圈、四区、多点”的物流空间布局，和“两纵三横”物流通道如图 8 –4 所示；合肥市作为长三角城市群副中心城市、长江经济带和“一带一路”双节点城市，承接长三角产业转移；国家发改委颁布《关于加快美丽特色小（城）镇建设的指导意见》，指出“特色小镇”建设是推进供给侧结构性改革的重要平台，是深入推进新型城镇化的重要抓手。因此我们小镇项目的建设与实施，既能对接各级规划和国家重大战略要求，又可满足各级政府对发展现代物流的殷切希望，也是南山开发集团、物流版块战略拓展和“物流小镇”建设创新的重要尝试。

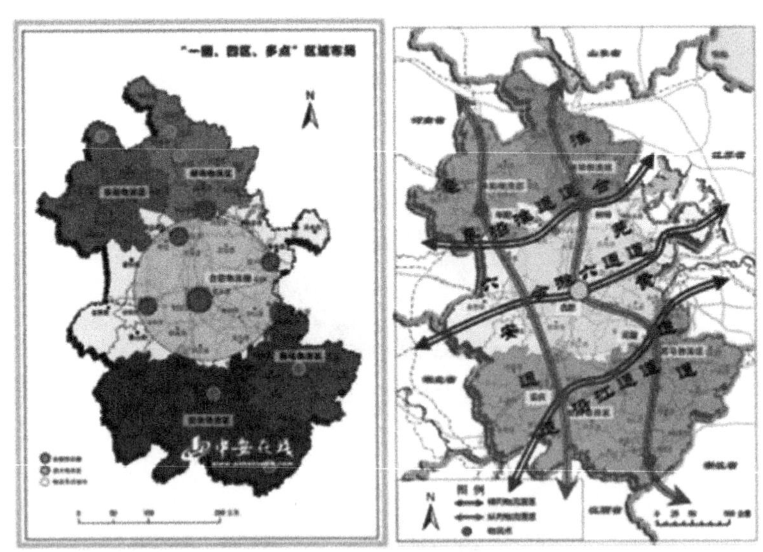

图 8–4 安徽省“十三五”物流空间布局及通道规划

8.1.3 区位条件

合肥是安徽省省会，位于安徽中部、江淮之间、巢湖之滨，具有承东启西、连接中原、贯通南北、通江达海的区位优势，是全省政治、经济、文化、信息、金融和商贸中心，全国重要的科研教育基地，全国性交通枢纽城市，具体地理区位如图 8-5 所示。作为国家"一带一路"、长江经济带战略的双节点城市，合肥将着力打造若干个世界级战略性新兴产业，加快综合交通枢纽建设，加速推进城市建设，提高国际化水平，打造长三角世界级城市群副中心城市。

以合肥为中心的合肥都市圈（由合肥、淮南、六安、巢湖、桐城五大城市中心城区以及环巢湖地区等组成的城镇密集区）在推动长江经济带建设中具有重要的承东启西区位优势，是南京都市圈、苏锡常都市圈等与西部进行联通的中转站，是长三角辐射中西部的门户，是沪宁合杭甬发展带的重要新兴增长极，是承接长三角地区产业转移的重要示范区，是中部崛起的关键力量。

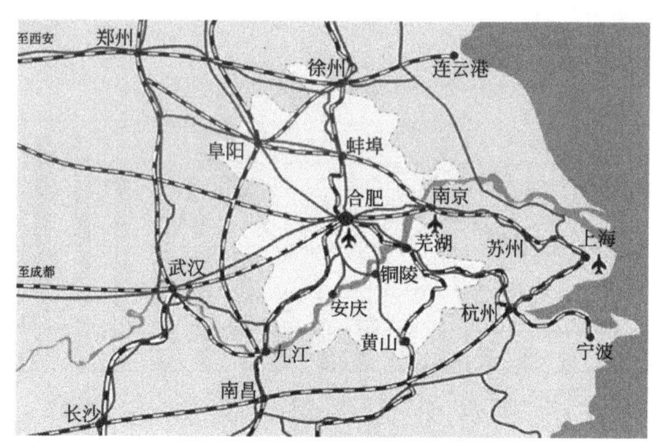

图 8-5　合肥地理区位图

8.1.4　经济产业

1. 经济持续快速增长，总体实力跃上新台阶

2015 年安徽省生产总值（GDP）为 22005.6 亿元，其中包括合肥、淮南、滁州、六安、桐城等地区的合肥都市圈生产总值为 9107.07 亿元，占安徽省 GDP 的 41.4%。合肥市生产总值（GDP）为 5660.27 亿元，占合肥都市圈的 62.2%，按可比价格计算，比上年增长 10.5%。按常住人口计算，人均 GDP 为 73102 元（折

合 11737 美元），比上年增加 5413 元。“十二五”期间，合肥市不断提升基础设施承载功能、提升主导产业支撑能力，依托优势产业链推动关联产业和配套产业抱团转移、集群转移，形成以重大项目为中心的产业集聚，使产业集聚区建设蓬勃发展。近年来，合肥市主导产业工业重点围绕家用电器制造、平板显示及电子信息、汽车及零部件、食品及农副产品加工、装备制造、光伏和新能源等六大主导产业，加快构建更具竞争力的现代产业体系，成效显著。2015 年第一产业增加值 263.43 亿元，增长 4.4%；第二产业增加值 3097.91 亿元，增长 10.6%；第三产业增加值 2298.93 亿元，增长 11.0%，三次产业结构为 4.7 ∶ 54.7 ∶ 40.6。2010 ~ 2015 年合肥地区生产总值平均年增长率高达 13.8%。近年来合肥市 GDP 增长趋势如图 8-6 所示。近年来三大产业贡献率如图 8-7 所示。

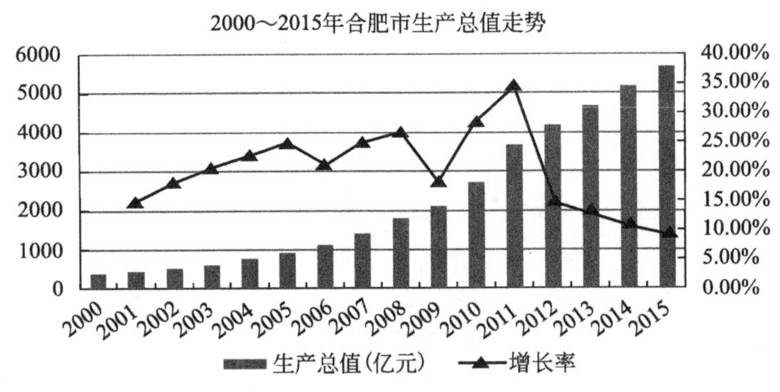

图 8-6　合肥市生产总值及第三产业增加值增长趋势

2010 ~ 2015 年间，合肥都市圈地区生产总值年平均增长率高达 12.4%，保持了高速增长。2015 年，合肥都市圈实现地区生产总值 9107 亿元，即以占全省 33.5% 的面积、以占全省 32% 的人口，创造了占全省 41.4% 的 GDP。2015 年合肥都市圈实现财政收入 1533 亿元，规模以上工业增加值 3761 亿元，全社会固定资产投资 9780 亿元，社会消费品零售总额 3661 亿元，进出口总额 236 亿美元（近几年外贸情况如图 8-8 所示），占全省比重分别为 38.2%、38.3%、40.8%、41.1%、48.3%，可见合肥都市圈在安徽省的龙头地位。

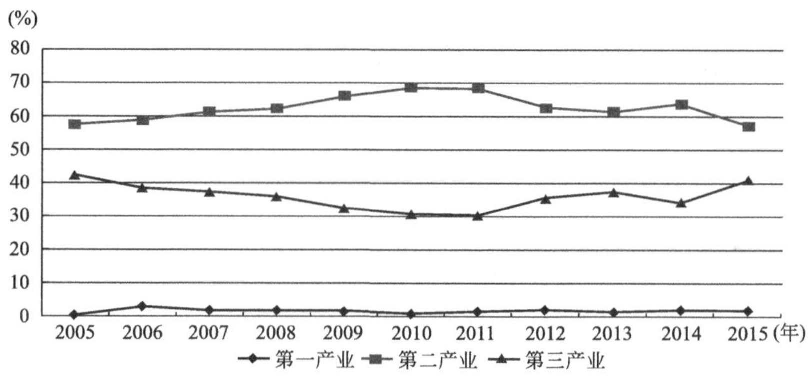

图 8-7　合肥市三大产业贡献率

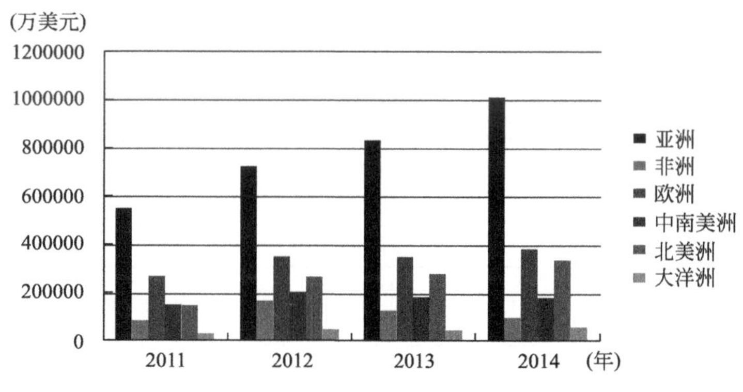

图 8-8　合肥近几年外贸情况

从经济支撑上看，合肥的经济发展呈现以下四个特征：（1）合肥 GDP 呈现递增趋势；（2）合肥市近几年的对外贸易总额呈现上升趋势，亚洲国家是合肥主要的贸易国；（3）合肥经济增长主要依赖于第二产业，第三产业贡献率逐年增长；（4）合肥正逐步进入工业化后期。经济的持续向好及发展后劲的强力支撑，是合肥发展物流业的先决条件。

2. 产业结构明显优化，整体进入工业化中期

除合肥外，合肥都市圈其他四个城市的发展水平参差不齐，其中，滁州和六安对农业的依赖度相对较高，但是整体而言，都已经进入了工业化中期发展阶段。十年来，合肥都市圈三大产业比例见表 8–1。

合肥都市圈城市三产比例统计表　　表 8-1

	2005	2010	2015
合肥	6.2 ： 44.8 ： 49.0	4.9 ： 53.9 ： 41.2	4.5 ： 55.5 ： 40
淮南	11.19 ： 53.18 ： 35.63	7.8 ： 64.4 ： 27.8	9.0 ： 51.6 ： 39.4
滁州	27.4 ： 38.0 ： 34.6	21.3 ： 49.2 ： 29.5	17.0 ： 53.2 ： 29.8
六安	26.7 ： 33.5 ： 39.8	23.5 ： 42.3 ： 34.2	19.5 ： 46.1 ： 34.4
桐城	22.6 ： 46.6 ： 30.8	14.2 ： 60.8 ： 25.0	12.0 ： 64.3 ： 23.7

2015 年，合肥市人均 GDP 为 11737 美元，第一产业比重小于 10%，但第二产业比重为 52.6%，大于第三产业的 42.8%，非农业比重为 95.4%，城镇化率为 70.4%。基于工业化发展阶段判定（表 8–2），合肥处于工业化中后期阶段。

工业化发展阶段判定　　表 8-2

指标	工业化前	工业化前期	工业化中期	工业化后期	后工业化时期
人均 GDP（美元）	1000 以下	1000 ~ 4000	4000 ~ 12000	12000 ~ 20000	20000 以上
三次产业产值结构	$A>I$	$A>20\%$，$A<I$	$A<20\%$，$I>S$	$A<10\%$，$I>S$	$A<10\%$，$I<S$
非农产业比重（%）	50 以下	50 ~ 70	70 ~ 87	87 ~ 98	下降
城市化率（%）	30 以下	30 ~ 50	50 ~ 60	60 ~ 75	75 以上

注：A 代表第一产业，I 代表第二产业，S 代表第三产业。

3. 农业资源优势明显，现代农业产业体系全面构建

随着合肥都市圈一体化进程的加快，合肥都市圈间的农业产业合作也不断深化。如 2015 年新增合作共建供肥蔬菜基地 1.87 万亩，累计合作共建供肥蔬菜基地 15 万亩。合肥都市圈基于地理优势，发展特色优势农业：如六安的舒城茶产业；淮南的豆制品等。具体情况详见表 8–3。

合肥都市圈农业生产资源统计表　　　　表 8-3

	生物资源情况
合肥	农作物主要有麦类、棉花、水稻、烟叶、油菜、花生、芝麻、豆类、蔬菜、西瓜、薄荷等；水生植物主要有藕、菱、芦苇、蒲草等；鱼类主要有鲢、鲤、鲫、银鱼、虾、蟹等；饲养动物主要有猪、牛、羊、兔、鸡、鸭、鹅、蜜蜂、蚕等
淮南	截至 2015 年底，构建了豆制品、瓜菜、草莓、葡萄、食用菌等优势主导产业，建成 20 个特色精品农产品生产示范基地，创建精品特色农业专业村 149 个，建设各类畜禽规模养殖场 1768 家，并且在农产品精深加工方面初具规模
滁州	滁州四季分明，温暖湿润，是国家重要商品粮基地，盛产小麦、水稻、油菜、鱼虾等农产品。同时盛产茶叶、甜叶菊等
六安	六安盛产 100 多种农副产品，产量居安徽省前列的农副产品有茶、苗、栗、粮、油、麻、禽、肉、水产等，基本形成了蔬菜、优质粮油、油茶、茶叶、苗丝网、中药材、六安大麻、草竹柳编以及家禽、生猪、水产品等一批主导产业和特色产业
桐城	桐城市农业区是以林、粮、经济特产为主的综合农业区。名特优农林主要有茶叶、油桐、水芹菜等；名贵药材有留兰香、山楂、桔梗等

4. 主导产业加速集聚，战略性新兴产业高速增长

2015 年，合肥市六大主导产业实现增加值 1456.54 亿元，其中平板显示及电子信息、光伏及新能源产业保持国内领先优势；以新型显示、集成电路、智能语音产业为核心的新一代信息技术产业值总量最大、增速最快。金融、物流、文化、旅游和高技术服务业发展势头良好。具体情况详见表 8–4。

合肥市 2015 年主导产业增加值统计表　　表 8-4

指标	绝对数（亿元）	比上年增长 %
六大主导产业	1456.54	12.5
汽车及零部件	174.22	18.3
装备制造	350.18	7.1
家用电器	342.18	7
食品及农副产品加工	201.1	4.8
平板显示及电子信息	314.9	27.6
光伏及新能源	73.96	19.5

8.1.5　综合交通

合肥不仅是安徽省的政治、经济和文化中心，也是华东地区重要的交通枢纽，是国家规划的 42 个综合交通枢纽城市之一。辖区内高速路网发达，铁路干支纵横，南依长江，北顾淮河，机场航线辐射全国各中心城市，综合交通体系初具规模。截至 2015 年底，公路总里程达 19434 公里，公路密度由“十一五”末的 118 公里 / 百平方公里增至 170 公里 / 百平方公里。高速公路总里程达到 445 公里，是“十一五”末的 1.46 倍，形成由 G3 京台高速公路、G4 沪陕高速公路、G42 沪蓉高速公路、G5011 沪渝高速连接线、G4001 沪陕高速合肥绕城高速公路、S17 蚌合高速公路组成的“一环六射”形态，并建成新桥国际机场高速公路，全国公路运输枢纽地位日益明显。铁路经蚌埠连接津沪线，经九江南连京九线，经阜阳北连京九线，经芜湖连接皖赣闽线。沪汉蓉快速铁路的建设进一步加强合肥的全国重要铁路交通枢纽城市的地位。合肥高铁南站与上海虹桥站、南京南站和杭州东站组成“华东四大铁路枢纽站”，随着该站的开通，合肥逐步形成“一横两纵四射”“米”字形的高铁路网布局，3 小时内可通达国内诸多重要城市。合肥航空开通 20 多条直达航线辐射全国各地，国际航线已远达日本、俄罗斯、印度及东南亚诸国，2015 年新桥国际机场旅客吞吐量达 661 万人，货运吞吐量 5 万 t。内河水运在促进合肥市经济快速发展和对外物资交流等方面发挥着越来越重要的作用，1500t 级货轮可从合肥新港通江达海，开通了新亚欧大陆桥国际货运班列。2015 年合肥港完成集装箱吞吐量 180061 标箱，比上一年同期增长 12.75%，其中外贸完成 71019 标箱，是上一年同期的 2 倍。

8.1.6　物流发展

1. 总体形势发展向好

合肥作为我国当前最具活力的“长三角”的近邻和纵深腹地，是承接国际和沿海地区产业、资本梯度转移的“近水楼台”，这种区位优势为合肥现代物流业的发展提供了天然优越条件。2015 年合肥市货物运输量 3.26 亿 t，全年港口货物吞吐量 3006.47 万 t，增长 24.6%，其中外贸货物吞吐量 16.48 万 t，增长 1.02 倍。近 5 年合肥市货运量情况如图 8–9 所示。

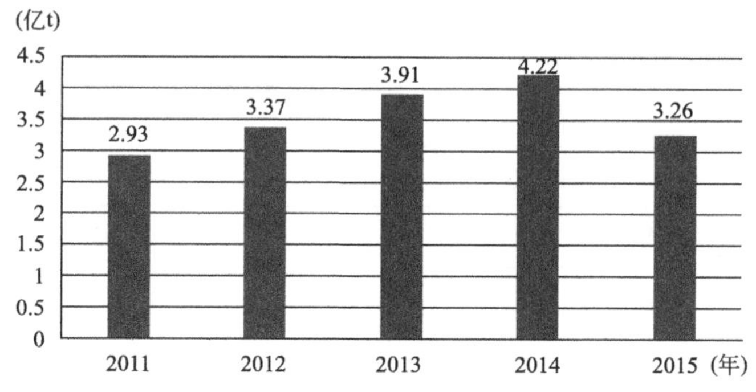

图 8–9　合肥市货运量变化

2. 物流基础设施逐步完善

合肥交通基础设施建设逐步完善，综合运输体系初步构建。国家发改委 2013 年发布了《全国物流园区规划（2013 ~ 2015）》，合肥市成功被纳入国家发改委物流园区规划一级布局城市。全国共批准 29 个城市为一级物流园区布局城市，70 城市列入二级布局城市。这是国家发改委在物流业规划中首次将合肥列入最高级别布局规划城市。截至2015年底，全市道路货运站场（物流园区）达到23个。在未来的5年内，合肥市还将依托港口、公路与铁路货运站、机场，规划建设4个物流园区、13个物流中心（表8–5），分别为新桥机场物流园区、派河物流园区、现代物流园区、东城物流园区和迎河港物流中心、裕溪河物流中心、长安集物流中心、店埠物流中心、南岗物流中心、下塘物流中心、万山物流中心、庐南物流中心、巢东物流中心、长丰物流中心、巢北产业物流中心及上派农产品物流中心、庐江同大农产品物流中心。

合肥市物流园区规划建设项目　　表8-5

物流园区			
1	新桥机场物流园区	3	现代物流园区
2	派河物流园区	4	东城物流园区
物流中心			
1	迎河港物流中心	8	庐南物流中心
2	裕溪河物流中心	9	巢东物流中心
3	长安集物流中心	10	长丰物流中心
4	店埠物流中心	11	巢北产业物流中心
5	南岗物流中心	12	上派农产品物流中心
6	下塘物流中心	13	庐江同大农产品物流中心
7	万山物流中心		

3. 快递电商等新兴业务增长迅猛

2015年合肥市交通运输、仓储和邮政业增加值206.28亿元，比上年增长3.4%。2015年，全市邮政企业和快递企业业务累计完成29.38亿元，同比增长60.21%，占全省比重31.85%；业务总量完成41.37亿元，同比增长73.13%，占全省比重35.61%，居全国大中城市前列。截至 2015 年底，全市拥有邮政普遍服务网点 199 个，经邮政管理部门批准从事快递服务的企业 75 家，分支机构约 410 个，日最高处理量达 403 万件。全国首家高铁快递呼叫中心、UPS 亚太地区后台基地落户合肥，邮政速递（EMS）、顺丰、德邦等快递企业在合肥建立了客服呼叫中心，总座席数超过 6000 个，首个国际邮件交换局已正式运营。

4. 依然存在与发展需求不适应的问题

总体上看，合肥市物流业取得了长足发展，但与发达省市和加快转型升级的发展需求相比，还存在一些突出问题：（1）基础设施相对滞后。（2）企业竞争力较弱。（3）信息、技术、装备等现代化水平偏低。（4）市场秩序有待规范。（5）高端专业人才匮乏。

8.1.7 SWOT 分析

找准存在的问题并发挥好自身的物流产业发展优势，这是发展现代物流业中首要考虑的问题。通过分析合肥市的物流发展现状与存在的问题，采用 SWOT［优势（Strengths）、劣势（Weaknesses）、机会（Opportunities）和威胁（Threats）］方法，针对建设项目物流资源进行比较分析，明确合肥市发展现代物流所具有的优势和机遇，所需要应对的劣势和挑战，从而为建设现代物流系统的功能定位和制定物流发展战略目标提供依据（表 8–6）。

合肥市物流发展 SWOT 分析表　　表 8-6

S（优势）	W（劣势）
政策支持； 区域位置优势明显； 不断增长的货运需求及相关产业支撑； 交通基础建设不断完善	物流基础设施相对滞后； 不同运输方式之间联运条件不足； 信息、技术、装备等现代化水平偏低； 市场秩序有待规范； 企业竞争力较弱； 劳动力不足、专业人才匮乏、物流统计不健全

续表

O（机会）	T（威胁）
“十三五”期间交通大发展的推动； 合肥经济圈的发展； 中部地区崛起及东部沿海地区产业转移	周边地区尤其东部发达地区物流业的快速发展会导致客户和物流企业流失； 其他新建物流园区的竞争

通过对合肥市物流发展状况的SWOT分析可知，在合肥都市圈发展现代物流业，有强大的需求，也有十分的必要。推进集聚型物流基础设施建设，虽然与东部长江下游区域比较有劣势，也面临巨大的挑战，但是我们认为，存在的问题和面临的挑战大多数属于我国物流发展中存在的共性问题。总体来说，在合肥营造区域性物流基础设施，优势大于劣势，机会大于挑战，依然处于物流集聚发展的战略窗口期和机遇期。在充分依托其优越的地理区位及便捷的交通优势、产业优势和市场优势的条件下，我们应抓住大力发展现代物流业的机遇，积极采取相应措施，改变自身的不利因素，找准发展现代物流产业的切入点，正确把握国内外物流产业发展的基本趋势和成功经验，合理规划物流产业发展模式。

8.2 小镇选址

根据国内外园区成功的经验，较佳的选址方案是使商品通过物流园区的汇集、中转、分发直至最终需求点的全过程的效益最好。选址布置坚持的基本原则包括：（1）与城市总体规划相适应；（2）城市边缘地带，靠近货物转运枢纽；（3）靠近交通主干道出入口，对外交通便捷；（4）利用现有的基础设施，周围有足够的发展空间。

8.2.1 项目选址及现状

根据合肥市“十三五”发展规划，肥东县和长丰县将大力发展现代物流业，考虑到肥东县已规划建设了合肥商贸物流开发区，是合肥市东向、南向发展的战略桥头堡。作为合肥西部和北部的长丰县，扼守合肥通往安徽及国家中西部的大门，尚缺乏大型的为合肥制造业和服务业提供综合物流服务的物流产业集聚区。因此，确定在长丰县规划建设本项目，从而“一东一西”，形成全市物流产业集聚的“双轮驱动”态势（图 8–10），对助力合肥经济发展、改善物流组织小、散的现状，必将发挥绝对性作用。

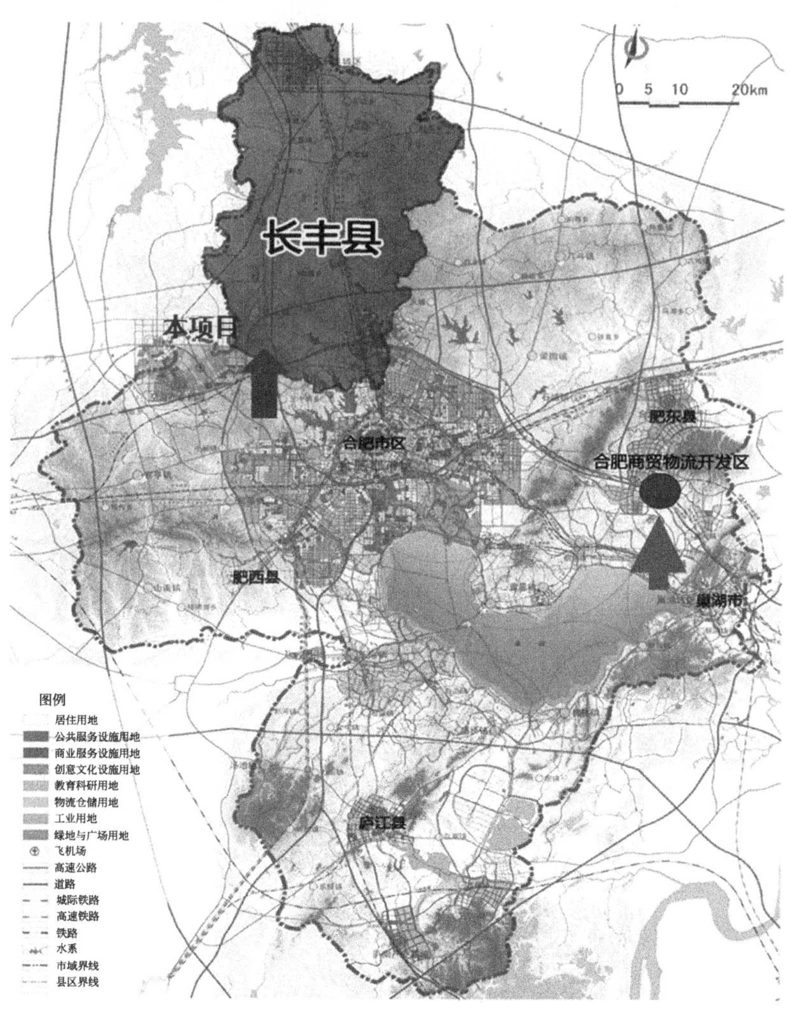

图 8–10　项目在合肥市境内示意图

合肥市交通物流产业集聚区项目位于安徽省合肥市长丰县境内，紧邻206国道及206国道改线，东临合淮阜高速，西临新桥机场，南接绕城高速，项目规划占地总面积4500亩。根据最新调整的《长丰县城总体规划（2014 ~ 2030年）》，项目选址符合县域规划，规划用地性质为仓储物流用地。项目具体位置如图8-11所示。

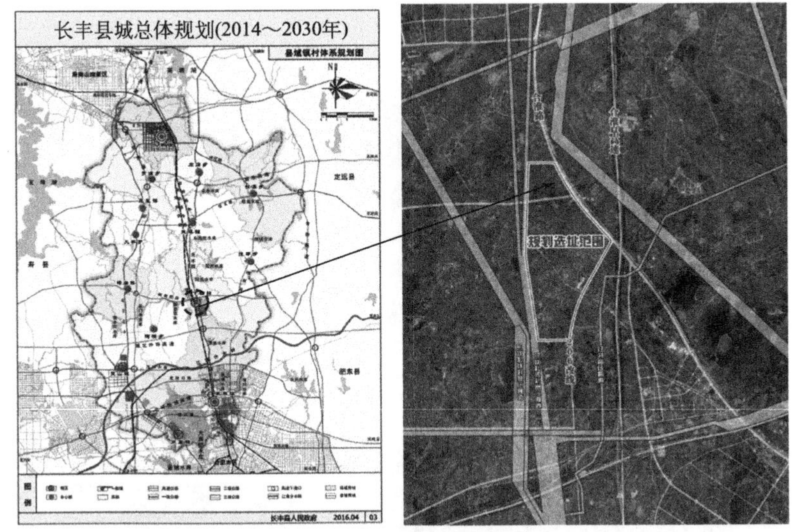

图8-11　项目选址示意图

选址范围内现状有土山公路稽查站、岗集收费站、盛虹烟花、化学品运输车停车场、窑厂、垃圾处理厂，以及村庄现有地面建筑等需要拆迁。项目选址用地多为基本农田、少量建设用地和一般农田，为保证项目顺利推进，需要尽快与国土部门沟通及调整土地利用总体规划。

从目前的选址方案看，项目所在地距淮阜高速公路吴山出入口约2.5公里，距绕城高速岗集出入口约2.7公里，距合肥北站物流基地20公里，距离新桥国际机场20公里，通达性比较强，而且周边产业基础雄厚、物流需求强劲。

图 8-12　项目国土利用规划示意及现状图

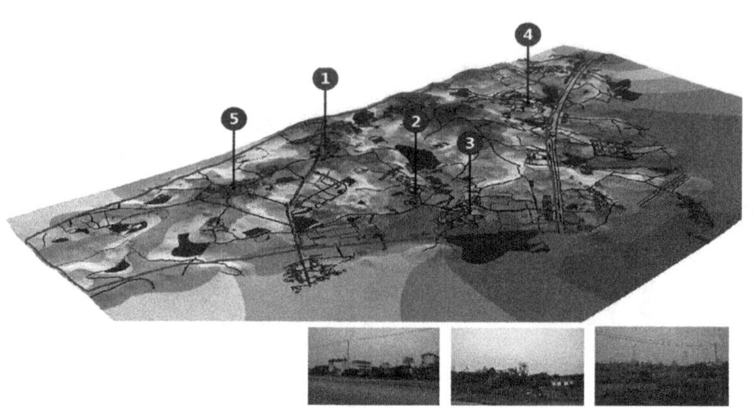

图 8-13　项目所在地村庄分布情况

8.2.2　项目周边交通规划

本项目所在地长丰县，近年来的交通基础设施不断完善。高速公路方面：长丰县高速公路里程将达到 181 公里，规划形成“三横两纵”的高速公路网结构。在既有公路网基础上，形成“二纵七横”的主干道公路网格局，加强横向支线联系及新桥机场、新站的联系通道。高速公路规划详见图 8–14 所示。铁路方面，规划合淮城际铁路，规划设 4 个站点，分别为水湖站、北城站、朱巷镇、下塘站，水湖站、北城站与现状高铁站共站。增设淮南铁路货运外绕线，减少淮南铁路对主城区的负面影响。

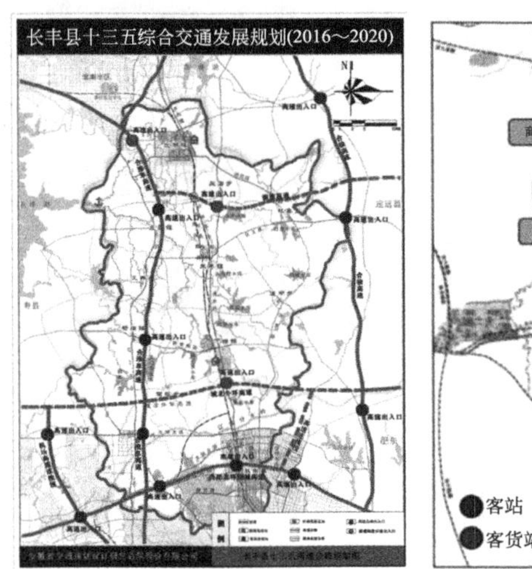

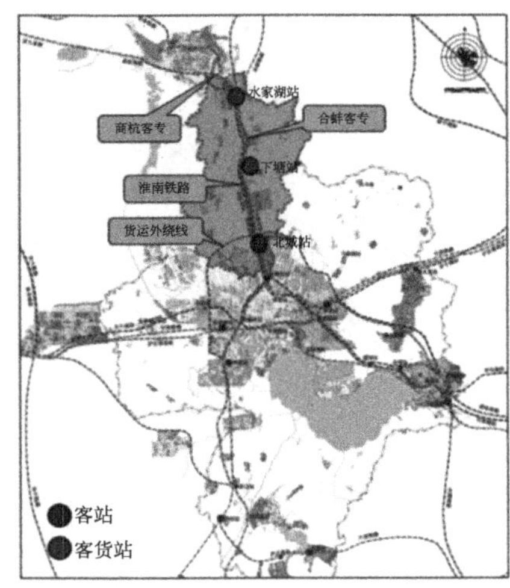

图 8–14　长丰县“十三五”高速公路规划及铁路客货运站点示意图

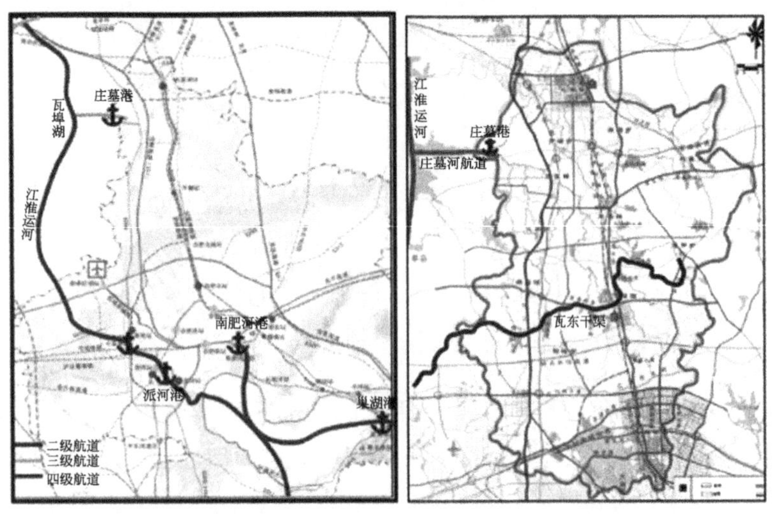

图 8–15　航道规划示意图

航道方面：利用规划江淮运河航道优势，拓展航运功能，完善交通体系。结合江淮运河建设及现状河流体系，打造庄墓河三级航道，建设庄墓港。建设 206 国道至庄墓港联系通道。航道规划如图 8–15 所示。

“十三五”期间，合肥市物流节点采用“物流园区、物流配送中心”两级发展模式，并采取以区域性物流基地为核心、支持产业发展的物流中心为支撑，货运网点为补充的发展策略，构建功能完整、层次分明的现代物流体系。具体结合合肥市货运场站规划范围内形成“9+12”的物流节点空间结构，构筑九大物流园区和十二大配送中心的规划。其中，涉及长丰县的货运枢纽规划为“一个物流园区、两个物流配送中心”两级发展模式。如图 8–16 所示。

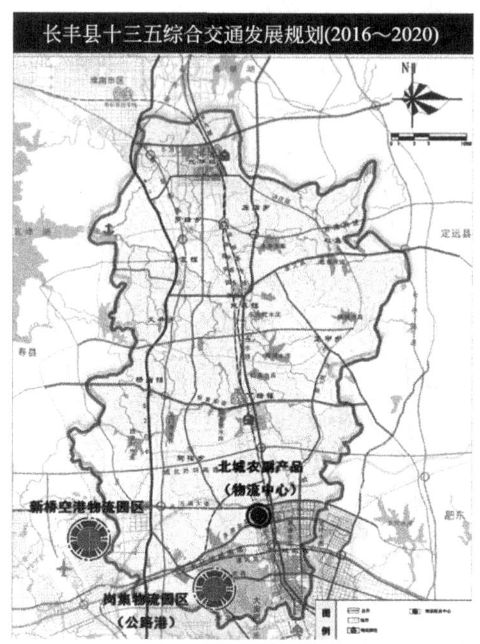

图 8–16　长丰县货运站场规划图

8.3 功能定位

合肥市交通物流产业集聚区将辐射合肥都市圈、面向国际、辐射华东地区。项目依托辐射范围内的汽车产业、建材产业和农副产品优势凝聚货流，依托便利的五城通衢交通手段汇集车流，依托长三角中下游区域铁路及沿江沿海港口优势汇聚国际贸易箱流，充分发挥南山开发集团大型央企的社会担当和物流业务特长，建设合肥北部地区最大的"交通物流港"，助推合肥强势融入全国骨干物流网，塑造具有国际竞争力的物流增长极。其战略定位为：（1）打造长三角撬动区域物流联动的战略支点。（2）打造安徽省物流产业集聚新高地。（3）打造产城融合的新标杆。（4）打造南山集团华东区域枢纽站场。

8.3.1 项目业务选择及体系设计

引入三层面增长理论和KANO模型，对项目的业务进行层次划分。结合三层面增长理论认为的三个层面业务（第一层面是守卫和拓展核心业务，第二层面是建立即将涌现增长动力的业务，第三层面是创造有生命力的未来业务）和KANO模型根据绩效指标划分的三类因素（基本因素、绩效因素和激励因素），将项目业务分为基础、辅助和新兴三个业务层次，以基础业务带动辅助业务的发展，辅助业务反哺基础业务和支持新兴业务，而基础业务在支撑新兴业务的开创的同时，新兴业务也不断推动基础业务的转型升级，进而形成业务之间互动互补的良性循环，具体情况如图8–17所示。

1. 转型升级的基础业务

基础业务包括仓储、运输、装卸和流通加工等业务，这部分业务尽管市场吸引力相对较低，但却是项目的立足点和发展其他业务的基础。当此层次业务服务水平不满足客户需求时，不仅将影响本层次的业务发展，还对辅助业务、新兴业务也产生不利影响；当此层次业务服务水平满足客户需求时，由于本层次业务的市场竞争激烈、盈利水平相对偏低，满足的需求层次相对较低，难以产生丰厚的利润和影响力的突破。

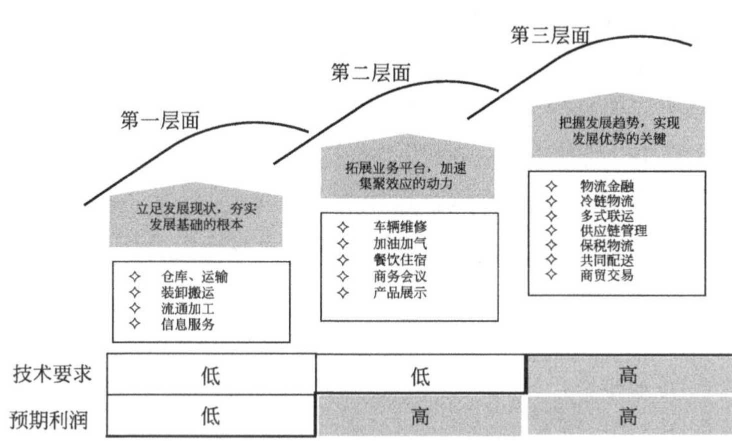

图 8-17　业务的三层面结构示意图

2. 配套发展的辅助业务

辅助业务层包括停车、车辆维修、加水加电、加油加气、集装箱洗箱和消毒、住宿餐饮、商务会议、产品展示、物流培训等辅助业务，这部分业务以基础业务产生的集聚效应为依托，较基础业务拥有较高的收益率。当此层次业务服务水平满足客户需求时，将带来较高的客户满意度，能支撑基础业务、新兴业务更好更快的发展；当此层次业务服务水平不满足客户需求时，将对基础业务、新兴业务也产生不利但非决定性的影响。尽管辅助业务不是项目发展的核心业务，但能增强项目的造血能力，加快项目的发展速度。

3. 重点发展的新兴业务

新兴业务层包括保税物流、物流金融、信息服务、商贸交易等业务，这部分业务属于前瞻开拓性质的业务，当此层次业务服务水平满足客户需求时，将带来更高的客户满意度，树立项目品牌，提升项目的影响力和集聚力；当此层次业务服务水平不满足客户需求时，对基础业务、新兴业务开展不会产生决定性的不利影响。在新兴业务开展初期，需要基础业务、辅助业务的支撑，以及持续的投入，当新兴业务步入正轨后，将产生较为丰厚的回报，也是项目实现后发优势的关键。

针对合肥市交通物流产业集聚区项目，我们将从业务的市场吸引力和与项目的契合度两个维度分析，进而确定项目的业务及产品。其中，业务的市场吸引力包括市场规模、市场增长率和盈利水平；业务与项目的契合度由客户资源、行业经验、必备资产、进入壁垒或市场份额所决定。依据发展环境分析结果，采用专家打分法，利用波士顿矩阵判断各项业务的类型，并由此将保税物流、物流金融、供应链管理、信息服务、运输、仓储、车辆服务、流通加工、装卸、生活配套纳入项目开展业务范围，具体参考如图 8-18 所示。

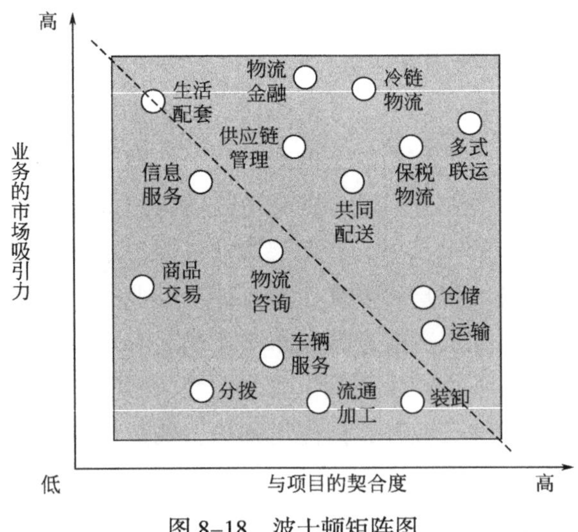

图 8-18　波士顿矩阵图

8.3.2　整体功能架构

鉴于我们的目标是实现物流小镇的生态宜居功能、物流产业功能及产城融合功能，因此我们初步构建了小镇的整体功能架构。它可以简述为两平台、六中心、八组团（简称 268 功能架构）。

也可以立体地划分为平台层、功能层和布局层。平台层，既包括智慧物流公共信息平台和公共管理服务平台两大信息平台，又包括多式联运中心、智慧物流港中心、供应链服务中心、冷链产业中心、农展农艺中心和生态宜居中心等六大要素平台。功能层，对平台层的具体功能进行细化，主要涵盖公铁联运、保税物流、甩挂运输、信息交易、共同配送、电商孵化、供应链管理、物流金融、总部办公、冷链物流、展示交易、农艺体验、教育培训、医疗卫生和生活居住等重点功能。为实现这些功能，在线下，我们布设了国际内陆港、智慧公路港、电商城市配送、供应链服务、冷链生鲜、农艺产品慢秀和商务办公及生态社区等八大组团。具体关系如图 8-19 所示。

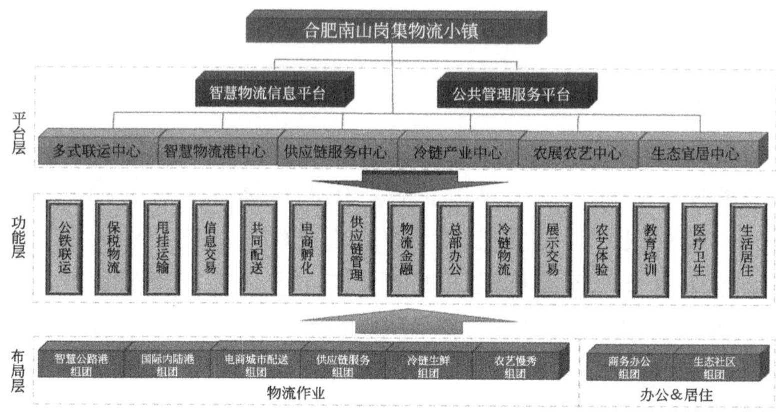

图 8-19　业务的三层面结构示意图

8.3.3　重点发展业务的选取

本项目将以国家和行业宏观政策要求为导向，以现代物流科学发展理论为支撑，以满足合肥都市圈物流需求为目标，在以下领域重点布局：

（1）多式联运

本项目将紧抓政策利好，依托项目西侧规划建设铁路货运站场的有利契机，将国际内陆港组团和智慧公路港组团与铁路货运站场相邻布设，构建公铁联运中心，大力发展集装箱公铁联运，承担“合新欧”国际班列运输组织，并为合肥市及周边地区提供铁路与公路转运功能，如图 8–20 所示。

图 8–20　公铁联运中心

（2）物流金融

本项目将积极开展订单融资、存货质押、仓单质押等供应链金融业务，优选大型物流企业、生产流通企业参与物流金融业务，鼓励银行等金融机构与物流企业建立战略合作关系，完善物流企业资质评定体系，规范物流企业业务管理流程，加强企业风险管理，为物流金融服务提供必要条件和保障，如图 8–21 所示。

（3）供应链管理

本项目依托合肥都市圈发达的家电、汽车以及其他装备制造产业基础，基于供应链管理的基本原理和管理优势（表 8–7），大力推动 VMI（图 8–22），JIT 等先进供应链组织模式，引领合肥都市圈制造业转型升级。

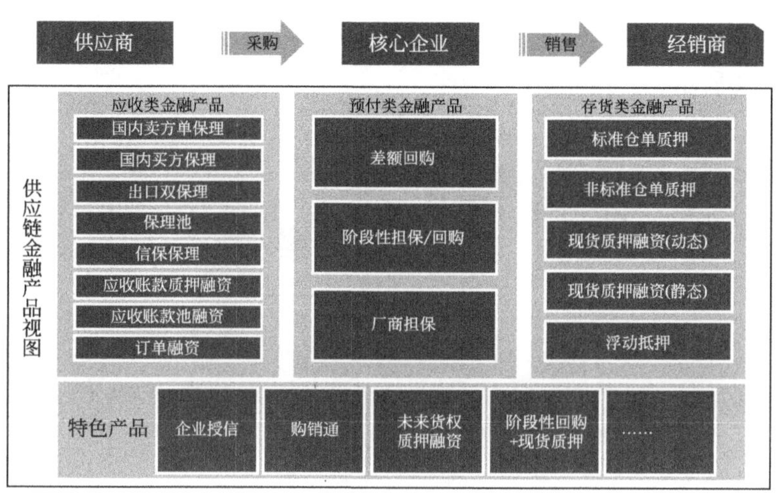

图 8–21　供应链金融产品示意图

仓储业务盈利模式的对比表　　表 8-7

名称	服务内容	优点	缺点	评价
空间存储服务	为客户提供单纯的存储服务以及最简单的装卸服务	业务简单、起步较快	仓库单位面积的产出低，提升空间不大	最原始、最初级的盈利模式
库内增值服务	在库内提供进出库操作、理货拣货、换拆包装、贴标签、信息录入传递、包装发货等劳务作业服务	仓库附加值可以大大提高	流程相当繁琐且缺乏效率，供需协同度较低，没有为客户的供应链提供额外的价值	当前仓储业务的主流盈利模式
供应链管理服务	优化客户的供需流程，制定高标准的供需运作策略及代为执行等	提高仓储业务利润率，降低客户生产成本，实现双赢	需要花费巨大的精力打造更加强大的信息系统	仓储业务转型升级的重要方向

（4）冷链物流

本项目将抓住冷链物流发展的黄金机遇期，以药品、医疗器械、快消品等高附加值产品为主要服务对象，兼顾为水产、果蔬等农特产品提供冷链服务，建设高标准冷链设施，打造华东地区冷链物流服务示范基地。冷链物流及相关示意图如图 8-23、图 8-24 所示。

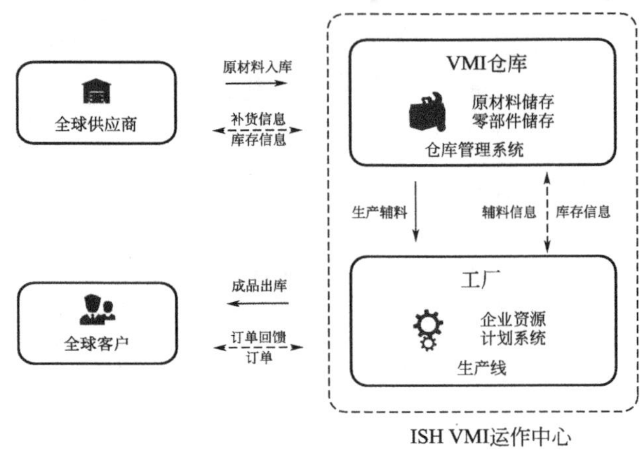

图 8-22　VMI 库存管理流程图

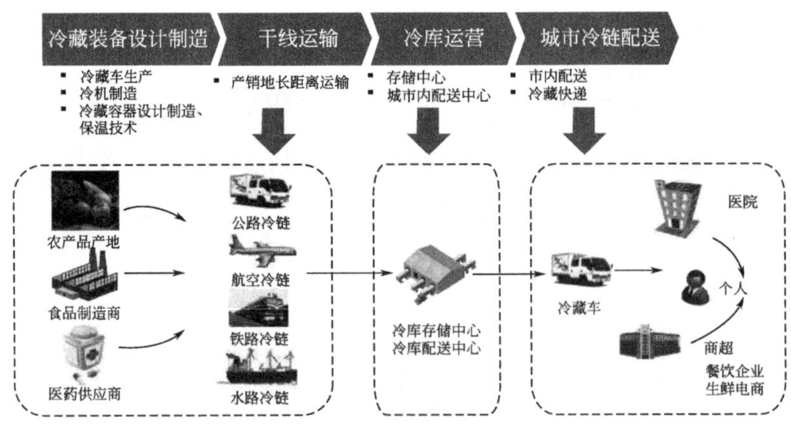

图 8-23　冷链物流图谱

（5）共同配送

共同配送作为一种先进的物流组织模式，一方面可以提高物流装备利用率，有效降低企业物流成本，另一方面对于节能减排，实现物流绿色发展具有重要意义。本项目引入大型商超、大型连锁企业和大型第三方物流公司，打造成为以服务合肥都市圈为主、辐射华东区域的城乡一体化配送基地。共同配送模式如图 8-25 所示。

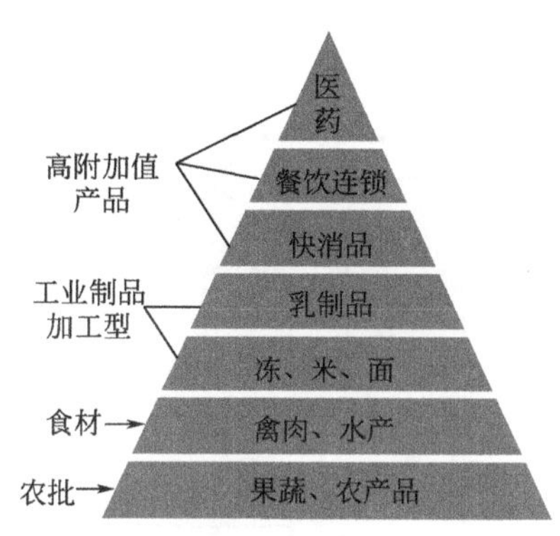

图 8-24　冷链物流金字塔客户分类

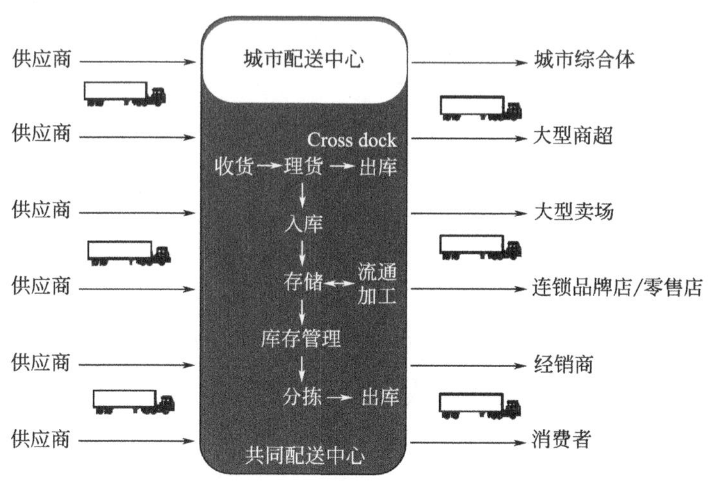

图 8-25　共同配送模式示意图

（6）保税物流

保税物流是指在海关监管区域内，从事仓储、配送、运输、流通加工、装卸搬运、物流信息、方案设计等相关业务，企业享受海关实行的“境内关外”制度以及其他税收、外汇、通关方面的特殊政策。本项目将设立保税仓库，提升保税物流功能（图8–26），加强与周边制造业和商贸业的联动发展。开展国际采购与分拨配送、转口贸易与国际中转、暂存货物流通加工等增值服务。

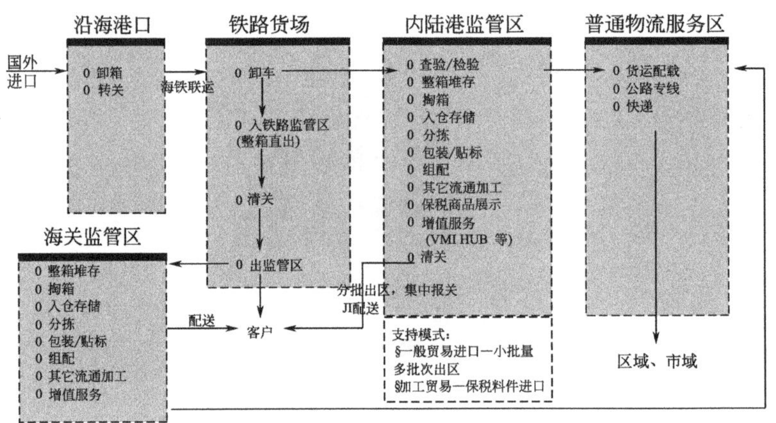

图 8–26　保税物流流程示意图

8.4　空间组织

8.4.1　规划原则

（1）协调一致原则。本项目的功能布局既要与城市的总体定位相适应，又要与自身的战略定位相匹配，通过合理的功能划分，更好地实现规划目标。

（2）产城融合原则。本项目秉承“产城融合、职住一体”规划理念，在空间布局上突出“宜产宜商宜居”特征，合理布设生产经营区和生活服务区。

（3）便于管理原则。本项目的功能布局要有利于生产和管理，有利于各环节的协调配合，有利于交通、海关、检疫、工商、税务等监管部门的协作。

（4）滚动开发原则。本项目的开发需逐步推进，在考虑整体服务功能的同时，兼顾阶段性开发的要求和可行性，便于项目的启动和初期发展。

（5）关联就近原则。将功能属性关联度高、人员货物流动量大的区块予以就近紧密布局，以尽可能减少园区内不必要的人员货物流动。

（6）因地制宜原则。根据地块实际条件，充分利用土地现有道路、沟渠、水塘等既有资源，实现资源最大化利用。

8.4.2　规划方法

对于产业功能组团，本规划选用关联线图法来进行功能区的布局。项目预计设置 9 个功能区，分别为国际内陆港组团①、电商城市配送组团②、智慧公路港组团③、滨水居住区④、展示交易区⑤、行政商贸区⑥、农艺产品慢秀组团⑦、冷链生鲜组团⑧和道路与交通设施区⑨。

关联线图法的基本思路是在完成各作业区面积需求的计算及基本规划后，利用活动关联性的关系进行整合，以决定各作业区域的位置。考虑各个作业区之间活动的相互关系，即关联性。设施布局设计是针对企业内部中不同部门或不同设备的配置进行安排使其生产的流程顺利进行而不受干扰，并且提高各个作业活动的效率，降低成本。通过关联性分析，可以确定各个作业区之间的接近程度，在布局时将关联性强的作业区布局在一起，从而减少各作业区之间走行的距离，加强作业区之间的联系，降低成本，提高对顾客的服务水平，提高效益。关联测度说明表见表 8-8。经过比较分析，建立关联度矩阵，所得结果见表 8-9。

关联度测算说明表　　表 8-8

相关联程度等级		相关因素	
等级代号	接近程度说明	代码	接近理由
A	绝对必要（Absolutely necessary）	1	物料流动频繁
E	特别重要（Especially important）	2	共用相同的空间区域
I	重要（Important）	3	共用设施
O	普通重要（Ordinary important）	4	组织管理
U	不重要（Unimportant）	5	人员接触方便
X	不可接近（Undesirable）	6	信息接触方便
		7	提升工作效率考虑

组团关联度测算矩阵　　表 8-9

序号	作业单位对	物流关系		非物流关系		综合关系	
		加权值	3	加权值	1		
		等级	分值	等级	分值	分值	等级
1	①－②	*U*	0.2	*I*	0.6	0.3	*O*
2	①－③	*O*	0.4	*O*	0.4	0.4	*O*
3	①－④	*U*	0.2	*U*	0.2	0.2	*U*
4	①－⑤	*A*	1	*A*	1	1	*A*
5	①－⑥	*E*	0.8	*E*	0.8	0.8	*E*
6	①－⑦	*E*	0.8	*E*	0.8	0.8	*E*
7	①－⑧	*O*	0.4	*U*	0.2	0.35	*O*
8	①－⑨	*E*	0.8	*U*	0.2	0.65	*I*
9	②－③	*A*	1	*O*	0.4	0.85	*A*
10	②－④	*X*	0	*U*	0.2	0.05	*U*
11	②－⑤	*E*	0.8	*E*	0.8	0.8	*E*
12	②－⑥	*A*	1	*E*	0.8	0.95	*A*
13	②－⑦	*E*	0.8	*O*	0.4	0.7	*E*

续表

序号	作业单位对	物流关系		非物流关系		综合关系	
		加权值	3	加权值	1		
		等级	分值	等级	分值	分值	等级
14	②－⑧	*E*	0.8	*E*	0.8	0.8	*E*
15	②－⑨	*E*	0.8	*O*	0.4	0.7	*E*
16	③－④	*U*	0.2	*E*	0.8	0.35	*O*
17	③－⑤	*I*	0.6	*A*	1	0.7	*E*
18	③－⑥	*O*	0.4	*E*	0.8	0.5	*I*
19	③－⑦	*U*	0.2	*O*	0.4	0.25	*O*
20	③－⑧	*U*	0.2	*U*	0.2	0.2	*U*
21	③－⑨	*A*	1	*A*	1	1	*A*
22	④－⑤	*U*	0.2	*O*	0.4	0.25	*O*
23	④－⑥	*U*	0.2	*O*	0.4	0.25	*O*
24	④－⑦	*X*	0	*O*	0.4	0.1	*U*
25	④－⑧	*U*	0.2	*U*	0.2	0.2	*U*
26	④－⑨	*I*	0.6	*O*	0.4	0.55	*O*
27	⑤－⑥	*O*	0.4	*I*	0.6	0.45	*I*
28	⑤－⑦	*U*	0.2	*I*	0.6	0.3	*O*
29	⑥－⑦	*X*	0	*O*	0.4	0.1	*U*
30	⑦－⑧	*I*	0.6	*U*	0.2	0.5	*O*
31	⑧－⑨	*O*	0.4	*U*	0.2	0.35	*O*

根据对物流小镇未来物流量的预测以及各功能区间物流作业的多少，得出各功能区间的货物流量表；利用专家访谈法以及典型物流园区走访法，获得第一手的单位物流成本预测值，并根据物流作业的类型和作业量获得碳排放值，从而应用于多目标决策中。

功能区间物流量及物流成本　　表 8-10

从＼至	国际内陆港①	电商城配区②	智慧公路港③	滨水居住区④	展示交易区⑤	行政商贸区⑥	农艺慢秀区⑦	冷链生鲜区⑧	交通设施区⑨
国际内陆港①		18.2（3）	5.6（1）	1.2（1）	2.3（2）	1.4（1）	36.1（3）	1.6（3）	2.1（2）
电商城配区②			1.4（2）	0.3（1）	0.6（2）	0.8（1）	12.7（3）	11.9（3）	3.9（3）
智慧公路港③				0.5（1）	1.9（3）	1.2（2）	10.8（2）	0.2（6）	38.7（2）
滨水居住区④					1.0（2）	0.8（2）	3.8（2）	10.2（4）	0.1（2）
展示交易区⑤						1.5（2）	6.5（2）	0.4（4）	0.2（1）
行政商贸区⑥							2.9（2）	0（0）	0.1（1）
农艺慢秀区⑦								11.7（1）	0（0）
冷链生鲜区⑧									2.3（1）
交通设施区⑨									

对多目标规划进行求解，得到优化方案见图 8-27。

可以看到，智慧公路港组团与国际内陆港组团、电商城市配送组团和供应链服务组团相邻布设，冷链生鲜组团与农艺产品慢秀组团相邻布设。这样布设既有利于货物的出入库流程顺畅、运输组织效率提升、各功能组团间货运流线最短，还能够实现最大限度利用园区主干道，实现客货分流的目标。

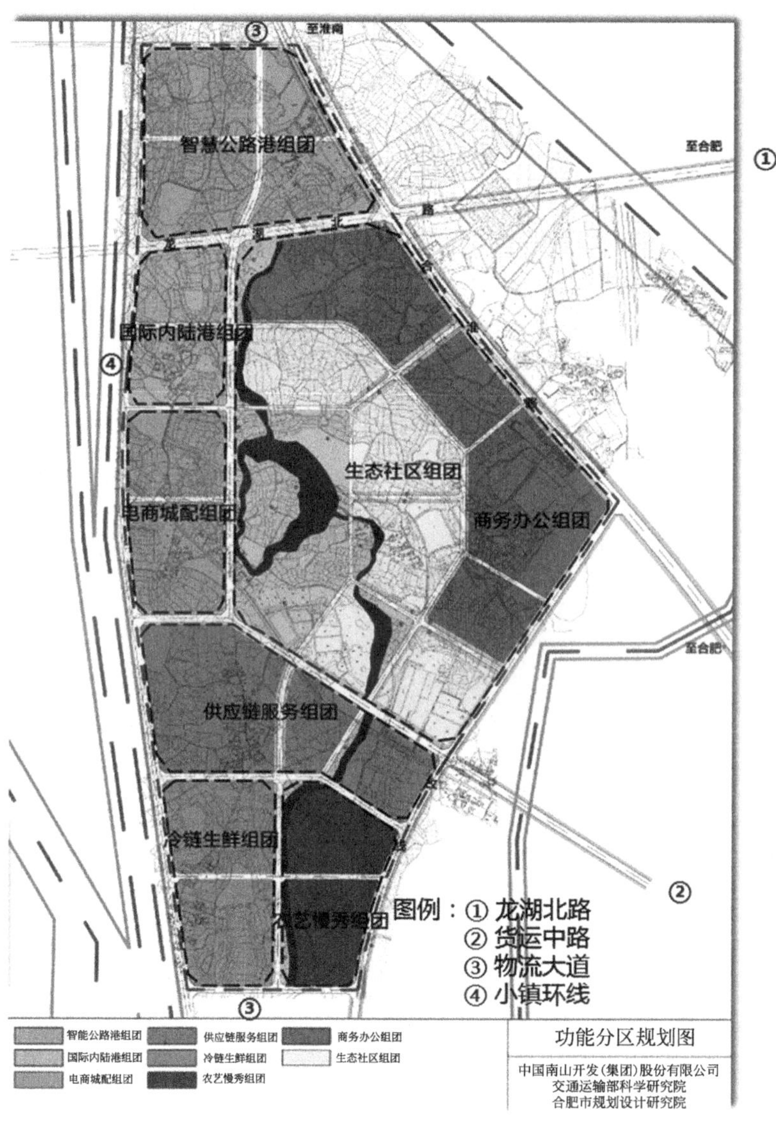

图 8-27　总体空间布局示意图

8.4.3　总体结构

我们进一步将小镇空间建设落实为一个简单易懂的目标（slogen），就是“物流小镇 · 乐畅小城”。我们的空间规划全面落实产城融合发展理念，按照生产空间集约高效、生活空间宜居适度、生态空间山清水秀的原则，推进职住空间有效耦合，实现“三生和谐”发展。同时，基于“以产兴城、依城促产”，注重产业链、创新链、资本链的有机融合，推动特色小镇持续健康发展。在这样的理念指导下，规划形成“一心两带”空间结构。一心指的是生态宜居核心区，两带分别为物流产业集聚带和配套服务功能带，如图 8–28 所示。

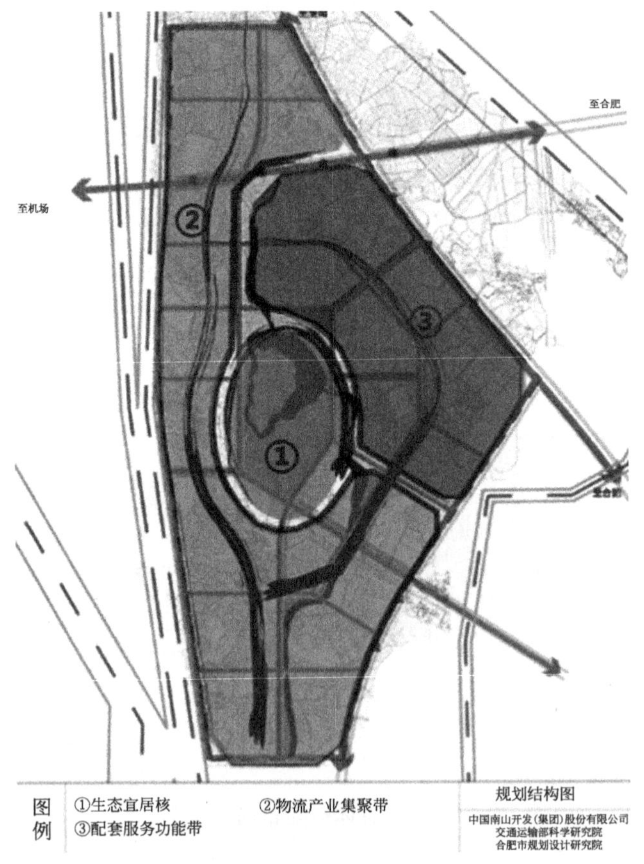

图 8–28　物流小镇空间结构示意图

经过关联度测算和综合分析，确定本项目总体空间布局为：三轴、一环、八组团。布局情况如图 8–29 所示。

（1）三条功能分区轴

1）两条横轴：龙湖北路、货运中路。

2）一条纵轴：物流大道。

（2）一环

小镇环线。

（3）八大功能组团：

1）智慧公路港组团。

2）国际内陆港组团。

3）电商城市配送组团。

4）供应链服务组团。

5）冷链生鲜组团。

6）农艺产品慢秀组团。

7）生态社区组团。

8）商务办公组团。

小镇的总平面设计图如图 8–29 所示。

8.4.4　小镇主要交通组织

小镇内交通规划为方格网状路网，便于物流功能建筑的高效布局及大型货车的通行能力。集聚区东部的配套功能区的路网规划，考虑到与斜向的城市道路衔接，道路规划的形式较为活泼。可以将区域内道路归纳为：

（1）城市主要道路：小镇内部通过合淮路、206 改线和龙湖北路三条城市干道与合肥市区、北城及机场联系；主干道路规划红线 36m。

（2）次干道：小镇内部通过一纵（物流大道）一横（货运中路）的两条干道，将整个集聚区与城市道路进行联系，次干道路规划红线 24 m。

（3）小镇支路：通过小镇内的次干道、支路将小镇划分成不同的功能板块，形成若干个独立的功能组团。

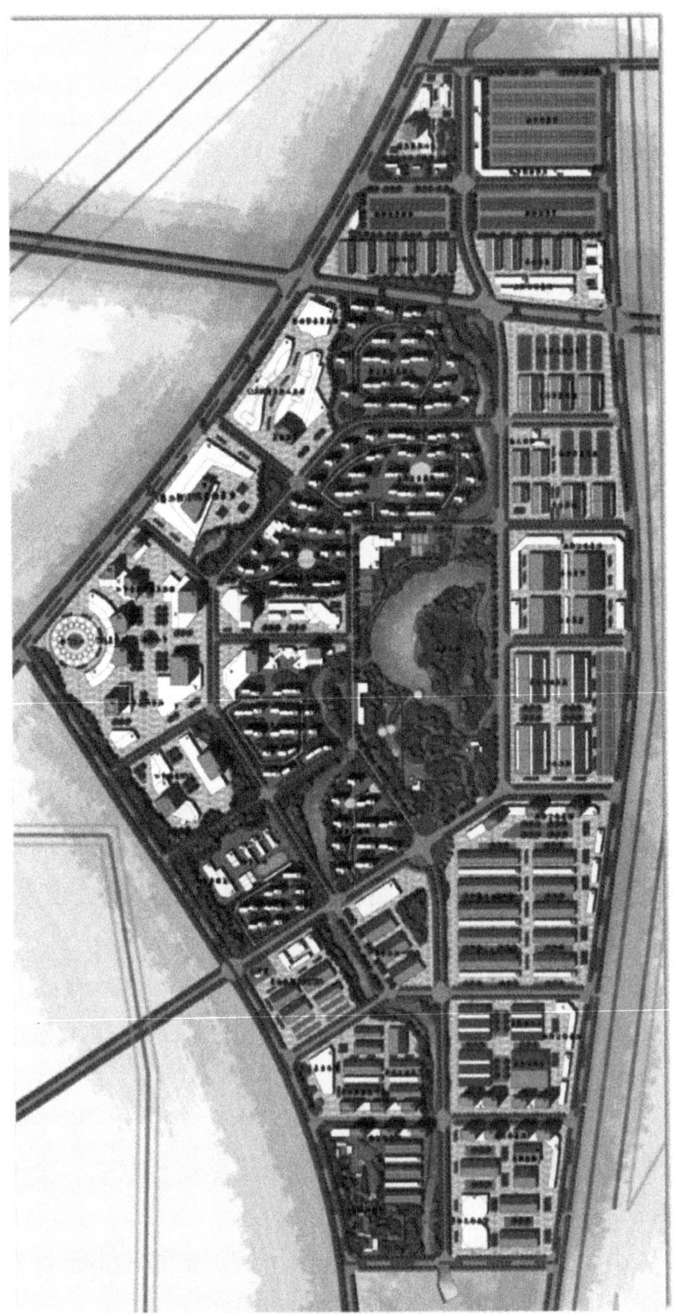

图 8-29　总平面布局设计示意图

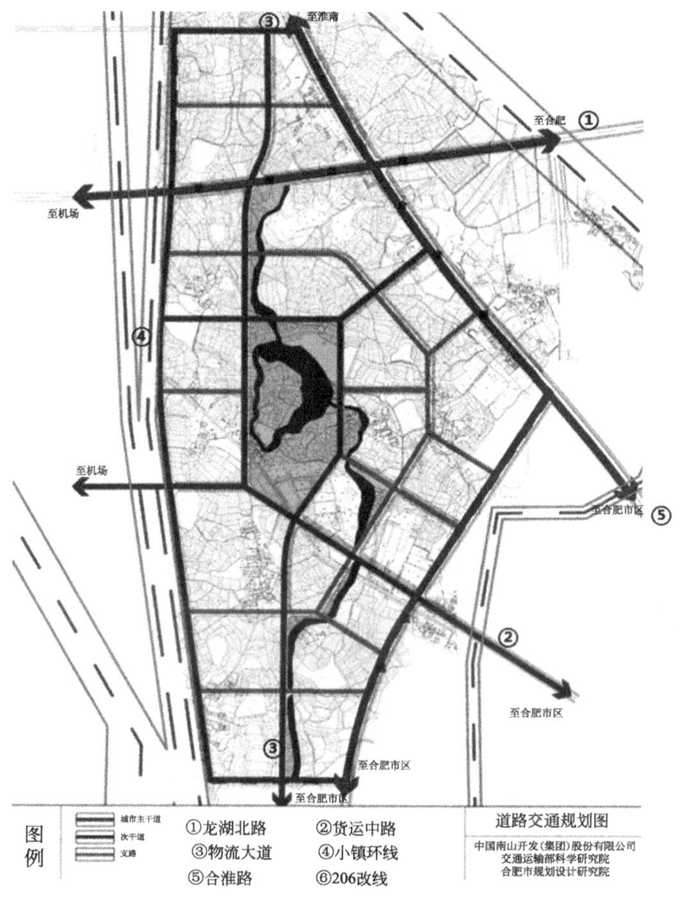

图 8-30　路网布局规划示意图

8.4.5　小镇主要出入口

为完善小镇交通组织，对主要出入口设计进行说明（图 8-31）。从图可以看出：①号出入口：货运车辆主出入口，小镇周边共布设 5 个出入口，有利于货运车辆就近进出，不必从小镇中心穿过，也避免深入小镇，造成客货混行；东侧出入口，可以连接岗集高速口；西侧出入口，可以连接吴山镇及机场；南侧出入口可以连接城区主干道；②号出入口：客运车辆主出入口，东侧出入口，对外可连接岗集高速口，对内可直接进出中央商务区的地下车库，避免路面交通拥堵，人车混行；③号出入口：人行及非机动车出入口，便于中央商务区地面交通管理，路面秩序的维护便利，也增加了高端人士的出行安全系数，减少不确定因素，提升商务区的整体高端形象。

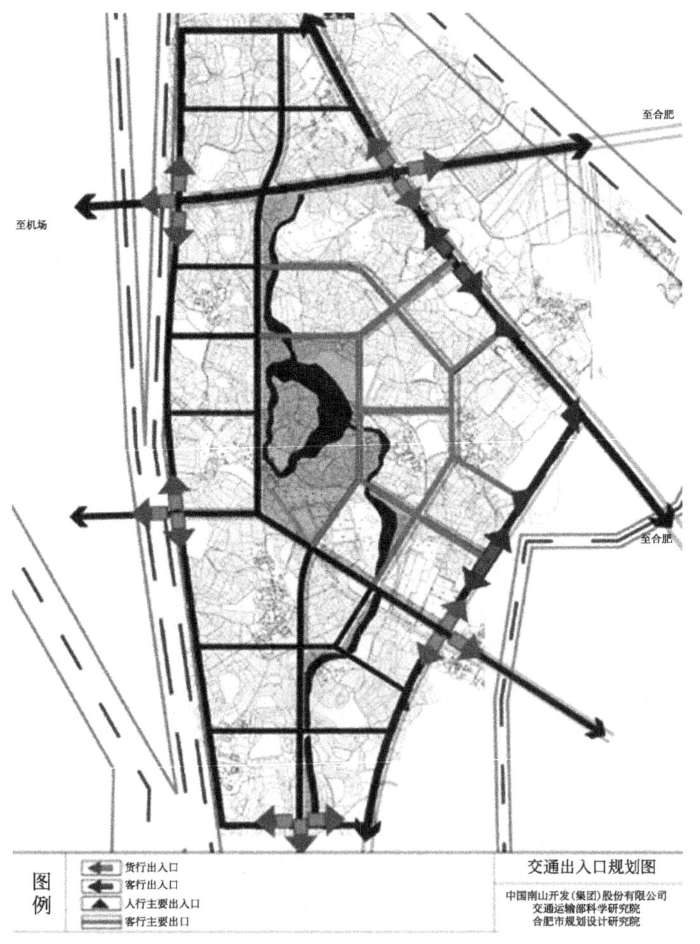

图 8–31　小镇主要出入口设计

图 8-32　规划鸟瞰图

参考文献

[1] 何春明. 浅谈供应链一体化 [J]. 企业科技与发展，2017（11）：48-50+53.

[2] 项鹏飞. 产业联动　协同发展　构建物流业与制造业共生新模式 [J]. 中国有色金属，2018（19）：68-70.

[3] 吴东景. 基于产业联动视角下的智慧物流园区规划布局研究 [J]. 智能建筑与智慧城市，2018（11）：103-104.

[4] 高詹. 城镇化进程中的制造业与物流业联动发展研究 [J]. 兰州学刊，2013（09）：113-118.

[5] 温锋华. 中国特色小镇规划理论与实践 [M]. 社会科学文献出版社.

[6] 郭彦梅. 小城镇建设管理与城乡可持续发展 [J]. 民营科技，2017（09）：132.

[7] 李滢棠. 温州小城镇物流网络研究 [D]. 北京物资学院，2006.

[8] 中共中央. 中共中央关于全面深化改革若干重大问题的决定 [Z]. 2013-11-15

[9] 刘亨. 建设“特色小镇”要力戒行政化 [J]. 浙江经济，2015（3）.

[10] 李庆峰. 特色小镇：一种新型社会治理模型及其发展 [J]. 中国经贸导刊，2017.

[11] 方磬. 基于信息化平台的智慧物流园区协同运作模式研究 [J]. 市场周刊，2018（10）：14-16.

[12] 张敏. 互联网视域下城乡物流一体化发展研究 [J]. 商业经济研究，2018（08）：75-77.

[13] 徐娟. “一带一路”战略下“互联网＋”物流业转型升级分析 [J]. 电子商务，2018（03）：1-2.

[14] 唐飞泉，杨律铭. 新零售背景下我国物流业转型升级探讨 [J]. 商业经济研究，2018（20）：77-79.

[15] 任楠. 新型城镇化战略下江苏特色小镇建设的思考与启示——以苏州苏绣小镇为例 [J]. 居舍，2018（33）：88.

[16] 曾江，慈锋. 新型城镇化背景下特色小镇建设[J]. 宏观经济管理，2016(12): 51-56

[17] 汪鸣. 物流双向降本增效 助推供给侧结构性改革[J]. 大陆桥视野，2016(10): 28-29.

[18] 郝杰. 特色小镇：新型城镇化的“特色”担当[J]. 中国经济信息，2017，(06).

[19] 张仕平. 物流园区运作模式创新研究[J]. 科学时代，2015，(12): 308-308.

[20] 王柯. 基于层次分析法的亚龙商贸物流园区选址研究[D]. 昆明理工大学，2017.

[21] 过江鸿. 物流园区选址与布局规划[D]. 武汉理工大学，2005.

[22] 戴航. 基于博弈分析的物流园区运营模式研究[D]. 武汉理工大学，2010.

[23] 孙淑生，罗宝花. 基于CCRMP/AHP模型的农产品物流园区选址研究[J]. 物流工程与管理，2013，35(06): 91-93+90.

[24] 叶奉阳. 建筑产业园区选址研究[D]. 重庆大学，2014.

[25] 杨晓红，于桂芳，关冬梅. 基于双层规划模型的珠三角物流园区选址研究[J]. 经济师，2013(07): 170-171.

[26] 钱枫林，周莹. 基于DEMATEL方法的物流园区选址主要影响因素分析[J]. 物流技术，2014，33(11): 212-214.

[27] 宁宝权，陕振沛. 基于改进灰色关联模型的物流配送中心选址研究[J]. 六盘水师范学院学报，2016，28(03): 1-4.

[28] 王宇. 京津冀一体化物流园区选址规划研究[D]. 燕山大学，2016.

[29] 彭南林. 基于模糊层次综合评价法的重庆塑料颗粒分拨中心选址研究[D]. 重庆理工大学，2016.

[30] 杜栋，庞庆华，吴炎. 现代综合评价方法与案例精选[M]. 清华大学出版社，2008.

[31] 康文庆. 基于模糊层次综合评价法的快递物流园区选址[J]. 集美大学学报(自然科学版)，2018，23(05): 360-366.

[32] 杨铁梁. GIS&Fuzzy-AHP在住宅产业化基地选址中的应用研究[D].

大连理工大学，2015.

[33] 王肖文，华梦圆，侯静．模糊综合评价在外墙外保温系统评价中的应用［J］．北京交通大学学报（社会科学版），2013，12（02）：54-58.

[34] Singelmann J．The Sectoral Transformation of the Labor Force in Seven Industrialized Countries，1920-1970[J]．American Journal of Sociology，1978，83（5）：1224-1234.

[35] Behrends S．Recent Developments in Urban Logistics Research——A Review of the Proceedings of the International Conference on City Logistics 2009-2013［J］．Transportation Research Procedia，2016，24（12）：278-287.

[36] Huffman S P，Makar S D，Beyer S B. A. Three-factor Model Investigation of Foreign Exchange Rate Exposure［J］．Global Finance Journal，2010，21（1）：1-12..

[37] 崔勇，付阳柳，张扬．商贸物流特色小镇产业空间布局规划策略研究——以广安市护安特色小镇为例［J］．特区经济，2019（01）：136-139.

[38] 刘春平．小城镇物流基础设施规划设计方法与实施［J］．现代商贸工业，2018，39（23）：40-41.

[39] 陈晓忠．商贸流通型小城镇物流基础设施建设规划研究［D］．北京物资学院，2006.

[40] 许程．基于混合算法的物流园区布局优化研究［J］．物流科技，2015，38（05）：106-109.

[41] Hyun Jeung Ko．Optimization Modeling for the design and operation of dynamic facility networks for 3PLS［D］．the University of Lou Isville. 2003.

[42] Kyu Yeul Lee，Myung Rohb. An improved genetic algorithm for multi-floor facility layout problems having inner structure walls and passages［J］. Computers and Operations Research.2005，（32）：789-899.

[43] Jaydeep Balakrishnan. The Dynamic planti layout problem：Incorporatior rolling horizons and forecast uncertainty［J］．2009，37（1）：165-177.

[44]宋晓俊. 基于模块化的物流园区功能区设计方法研究[D]. 东南大学，2011.

[45] 米婷露. 基于改进SLP的物流园区功能区布局规划研究[D]. 北京交通大学，2014.

[46] 陶经辉. 物流园区布局规划与运作[M]. 北京：中国财富出版社，2009.

[47] 王丽萍，邱飞岳. 复杂多目标问题的优化方法及应用[M]. 北京：科学出版社，2018.

[48] 雷英杰，张善文. MATLAB遗传算法工具箱及应用[M]. 西安：西安电子科技大学出版社，2014.